FRANKA POTENTE

FRANKA POTENTE

Von Klaus Rathje (Hg.) und Ralf Krämer
Mit Porträts von Enriko Boettcher und Ali Kepenek

Autorisiert von Franka Potente

Nach fünf im Urwald • Coming In • Opernball • Lola rennt •
Bin ich schön? • Schlaraffenland • Downhill City • Anatomie •
Der Krieger und die Kaiserin • Blow • The Bourne Identity

Schwarzkopf & Schwarzkopf Verlag

INHALT

Danksagung

Besonders danken möchten wir *Gerald Grote*, der uns aufs Bücherschreiben (und auf den Verlag) gebracht hat, sowie *Dr. Jutta Rossellit* von den »Kultur! News«. Die »Lola rennt«-Titelgeschichte, die wir für sie schrieben, brachte uns die Zustimmung Franka Potentes für dieses Buch.

Darüber hinaus danken wir allen Schauspielern, Kameraleuten, Regisseuren, Autoren, Visagisten, Agenten, Produzenten, Trainern und Familienangehörigen von Franka, die wir interviewen durften: *Martin Bachmann, Thomas Bahmann, Frank Behnke, Enriko Boettcher, Jakob Claussen, Matt Damon, Sohela Emami, Benno Fürmann, Frank Griebe, Dr. Marlies Heppeler, Hans Horn, Ernst Kahl, Dietrich Mangold, Manfred Molitor, Dr. Dieter Potente, Hildegard Potente, Oskar Roehler, Jean-Luc Russier, Hans-Christian Schmid, Michael Singer, Mike Torchia, Tom Tykwer und Steffen Wink.*

Für die Zusendung von Informationen, Zeitungsartikeln, Fotos und Videokassetten sowie für technische Unterstützung danken wir *Susanna Attia (Telfrance), Olav Fleischer, Kathrin Henkel (Claussen+Wöbke Filmproduktion), Horst Kruse (Filmarchiv), Sabine Stoermer (Agentur Sohela Emami) sowie Christian Oldendorf und Gregor Jarmular (TOMORROW Internet AG)*

VORWORT

Ein Buch über Franka Potente ...

Die Idee zu diesem Buch ist entstanden, als die Welt noch etwas kleiner war. »Anatomie« lockte Massen in die deutschen Kinos, Tom Tykwer saß mit dem Nachfolger von »Lola rennt« im Schneideraum, und die Zeitungen meldeten, dass Franka ihre erste kleine Hollywoodrolle neben Johnny Depp spielen würde. Nun, ein gutes Jahre später hat »Der Krieger und die Kaiserin« gerade einen silbernen deutschen Filmpreis namens »Lola« bekommen, »Blow« läuft erfolgreich in den US-Kinos und inzwischen auch bei uns, und mit »The Bourne Identity« hat Franka ihre erste Hollywood-Hauptrolle gemeistert (Co-Star: Matt Damon). Die Dreharbeiten führten die gebürtige Münsteranerin im Winter 2000/2001 nach Paris und Prag. Hier beginnt unser Porträt über Franka Potente.

Danach kehren wir zurück nach Westfalen ins Jahr 1974, lassen Eltern, Lehrer, Freunde und Kollegen zu Wort kommen und erzählen anhand ihrer mittlerweile zwanzig Filme Frankas atemberaubenden Aufstieg.

Dieses Buch ist in engster Zusammenarbeit mit Franka entstanden, die viel Interview-Zeit und Käsekuchen geopfert hat. Alle Kapitel sind von ihr persönlich autorisiert worden. Ein Großteil der Bilder stammt aus ihren privaten Fotoalben. Die Studio-Porträts stammen von den Fotografen Enriko Boettcher und Ali Kepenek.

Im August 2001   *Klaus Rathje & Ralf Krämer*

Die Autoren bei der Arbeit: Klaus Rathje (l.) und Ralf Krämer mit Franka Potente in ihrer Berliner Wohnung

THE BOURNE IDENTITY

Lola in Hollywood

»Ihr glaubt wohl heute alle, dass ich total bescheuert bin!«
Marie

Nach ihrem Hollywood-Opening »Blow« (mit Johnny Depp) konnte Franka Potente bereits das zweite US-Engagement für sich verbuchen. In »The Bourne Identity« spielt sie ihre erste Hollywood-Hauptrolle an der Seite von Oscar-Preisträger Matt Damon (US-Start: Februar 2002).

»Man durfte jetzt mal auf die andere Seite gucken«, erklärte Franka noch relativ verhalten im Herbst '99. »Lola rennt« erspielte sich gerade beachtliche Plätze in den US-Kinocharts und sollte sich als erfolgreichster deutscher Film in den USA seit »Das Boot« behaupten. »Run Lola Run« war vor allem in Programmkino-Hochburgen wie Seattle oder New York erfolgreich, wo der untertitelte Adrenalin-Streifen sogar in die Top Ten gelangte.

»Dieser Hype beflügelt einen unheimlich, weil man merkt, dass die Arbeit international angenommen wird. Aber gleichzeitig wird einem auch bewusst: So einen Moment wird es vielleicht niemals wieder geben. Es ist ein Privileg mit einem deutschen Film um die ganze Welt zu reisen.«
Kurz darauf, im Januar 2000 ergab sich schon die erste Rolle in einer US-Produktion. Regisseur Ted Demme zeigte sich von der Film-Lola so beeindruckt, dass er Franka bei einem Abendessen in New York einen Part an der Seite von Johnny Depp anbot – ein Schauspieler, den nicht nur Franka sehr bewundert. Fürs intensive Kennenlernen war ihre Nebenrolle in »Blow« freilich zu klein. Dafür sollte sich das Gangsterdrama später ziemlich gut an den Kinokassen behaupten und geriet damit zum perfekten US-Opening für Franka.

Im Herbst 2000 stand sie dann schon für ihre erste Hauptrolle vor einer amerikanischen Kamera: An der Seite von Matt Damon engagierte sie Regisseur Doug Liman, bisher für seine Generationenporträts »Swingers« und »Go« bekannt. »The Bourne Identity« ist nach einer Fernsehfassung mit Richard Chamberlain die zweite Verfilmung des Robert-Ludlum-Thrillers »Der Borowski-Betrug«. Zumindest von der schriftstellerischen Seite her gesehen, könnten sich daraus

Franka mit ihrer Mutter Hildegard Potente in Prag (Januar 2001)

zwei weitere Hauptrollen für Franka ergeben: Schließlich schrieb Robert Ludlum anschließend »The Bourne Supremacy« (»Die Borowski-Herrschaft«) und »The Bourne Ultimatum« (»Das Borowski-Ultimatum«).

Der Thriller ist in Europa angesiedelt – Universal Pictures ließ in Paris und Prag drehen – also lag es diesmal nahe, eine deutsche Schauspielerin zu engagieren (im Gegensatz zu »Blow«, wo Franka eine kalifornische Stewardess spielt). Frankas Charakter heißt Marie, eine junge Frau, bei der einfach alles schief läuft. Gerade hat sie in Zürich (wofür Prag als Kulisse herhalten musste …) nicht nur ihren Freund, sondern auch ihren Job aufgegeben. Alles, was sie besitzt, hat sie in ihren klapprigen, roten Mini gestopft und möchte nur noch weg. Am liebsten nach Amerika. Sie versucht in der US-Botschaft ein Visum zu bekommen, was leider nicht gelingt. Stattdessen tritt nun ein Mann (Matt Damon) in ihr Leben, der für noch mehr Chaos sorgen wird. Der Unbekannte im zerrissenen Pullover will Marie 10.000 Dollar zahlen, damit sie ihn nach Paris fährt. Die bodenständige Deutsche lässt sich schließlich breitschlagen (für 20.000 Dollar) – und befindet sich damit schlagartig in tödlicher Mission. Denn kaum in Paris angekommen, stellt sich heraus, dass ihr zahlender Fahrgast leider von der

Franka im Interview: *»Aus meiner Sicht ist alles sehr, sehr schnell gegangen.«*

Franka mit ihrem Personal Trainer Mike Torchia in Paris

halben Welt gejagt wird ... Warum, das weiß er selbst noch nicht. Er leidet unter einer Amnesie. Nur dass er ziemlich gut schießen und kämpfen kann, wird ihm bald klar, und dass er Jason Bourne heißt.

»WIR REISEN UNS DANN SCHON HINTERHER.«

Mariott Hotel, Prag, 19. Januar 2001

Etwas erschöpft von den anstrengenden Dreharbeiten spricht Franka Potente abends beim Essen in ihrer Hotelsuite über ihre Zukunft in Hollywood, ihren Lebenspartner Tom Tykwer und ihren Filmpartner Matt Damon. Zu hören gibt es ihr musikalisches Idol Robbie Williams.

Franka, denkst du darüber nach, wie es sein würde, wenn »The Bourne Identity« unter den Top Ten landet und du damit auch in den USA berühmt bist?

Matt Damons Double auf der Flucht

Franka Potente: Klar denk ich darüber nach. Aus meiner Sicht ist alles sehr, sehr schnell gegangen. Alles. Da hat ja jeder ein anderes Empfinden, aber ich empfinde das schon so. Ich habe das einigermaßen auf die Reihe gekriegt, glaube ich, ohne jetzt großartig bescheuert in der Birne zu werden. Ich denk mir immer, dat gucken wir dann.

Nehmen wir mal an, »Bourne« würde ein Erfolg werden, dann muss man das immer noch relativieren: Man hat einfach einen Akzent. Man muss seine Nische finden, so wie Antonio Banderas viel den Latin Lover macht.

Aber davon abgesehen, musst du dich irgendwann hinsetzen und fragen: Will ich das, oder will ich das nicht? Wie organisiert man das jetzt? Ist man im Jahr oft dort? Ich glaube nicht, dass man sich dort einen Wohnsitz suchen muss. Das ist schon etwas, was ich durchaus beängstigend finde.

Letztendlich, das sagen Tom und ich uns gegenseitig, letztendlich ist es ja so, ich muss überhaupt nichts. Wenn ich gestresst bin, denke ich immer, die anderen sind bescheuert, weil sie mich so stressen, aber letztlich bin ich es ja. Tom

Kostümprobe für
»The Bourne Identity«

13

ist wirklich gut, er sagt mir dann oft: Du musst das doch nicht machen. Das muss man sich einfach immer wieder vor Augen halten. Ich hab das alles selbst kreiert zum großen Teil, was jetzt los ist. Keiner zwingt mich dazu.

Wie siehst du die US-Karriere in Bezug auf Tom?

Er kann ja immer mitkommen, da haben wir auch schon drüber gesprochen. Wenn er gerade schneidet, ist es schon ein Problem. Er hat sich zum Beispiel sehr geärgert bei »The Bourne Identity«.

Wenn ich früher gewusst hätte, dass ich diesen Film machen würde, dann hätte er seinen Schneideraum nach Paris legen können. Seine Cutterin Mathilde Bonnefoy kommt ja aus Paris.

Das war sehr ärgerlich, die hatten da schon ein Avid-Studio in Berlin gebucht. Ich würde das auch machen, wenn ich gerade nichts zu tun hätte. Wir reisen uns dann schon hinterher.

Toms Karriere entwickelt sich ja ebenso prächtig wie deine. Zuletzt drehte er in Italien mit Cate Blanchett.

Das ist natürlich extrem praktisch. Ich könnte nicht mit jemandem zusammen-sein, den das beunruhigt, wenn man ständig weg ist. Oder aus dem Job nicht

Jeder Drehtag beginnt vor dem Spiegel...

Oben: Make-up-Stylist Jean-Luc Russier legt Hand an
Unten: Kay kümmert sich um die Perücke

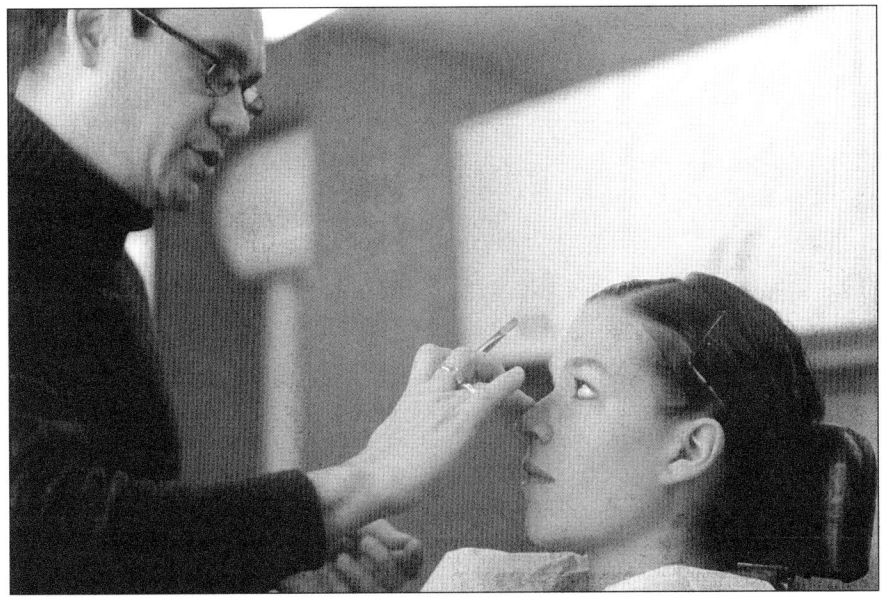

15

rauskann. Letztens war Tom total krank, und das zerreißt mir das Herz! Er lag in seiner Wohnung, und ich konnte nicht da sein. Dann denkst du: Das ist ein Scheißjob! Ich kann noch nicht mal bei meinem Liebsten sein.

Was ist Marie für ein Typ?

Marie ist jemand, der ganz realistisch ist. Wenn etwas explodiert, würde sie fragen: Hä, was ist denn jetzt los? Eine ganz normale Person – Marie ist der Zuschauer.

Marie ist die, die uns hilft, Jason Bourne zu verstehen. Und darüber hinaus ist ihr Drama, dass sie in dieses Spionage-Komplott reingezogen wird wie jemand, der in einem falschen Film ist. Sie hat noch nie einen Toten gesehen. Und plötzlich pflastern erschossene Leute ihren Weg! Sie muss sich ständig verstecken und sich verhalten, wie sie sich noch nie verhalten hat. Was es im Gegensatz zu Matts Rolle einfacher macht: Ich bin jemand, der ständig reagiert. Ich würde mir die Rolle kaputtmachen, wenn ich mir jetzt ein starres Konzept machen würde.

Zwei Perücken made in London

16

Wie hast du Matt Damon erlebt?

Er ist schon sehr Jason Bourne. Er ist mehr ein »method-actor«, als ich dachte. In dem Sinne, dass die Rolle dir auch in deiner Freizeit nah ist und dich auch beeinflusst. Ich bin erst nach einer Weile dahintergekommen. Jason Bourne ist jemand, der sehr distanziert ist, der wie so eine kleine Maschine funktioniert, immer in Systemen denkt. Nicht nur um sich, sondern auch um diese Marie zu beschützen, und emotional eigentlich keinen Menschen an sich heranlässt.

Die ersten Wochen war es so, dass ich darüber erstaunt war, dass Matt mich nie was Privates gefragt hat. Ich hab' eigentlich immer was erzählt, und er hat auch immer Anteil genommen und war sehr nett und sehr höflich. Aber dann dachte ich: Was ist denn hier los? Ich habe ihn irgendwann darauf angesprochen. Und er ist aus allen Wolken gefallen und sagte: *»Das hat mit meiner Rolle zu tun.«*

Das ist einfach eine andere Herangehensweise, als ich sie habe. In dem Moment war das für mich auch in Ordnung. Ich sagte: Versteh mich nicht falsch, ich wollt's nur wissen, ich respektier' das. Er war einfach auf seine Außenwirkung

Selbstporträt sehr früh in Prag ...

17

nicht bedacht und hatte gar nicht im Sinn, mir vor den Kopf zu stoßen oder mich links liegen zu lassen.

Das Problem hast du immer als Schauspieler, nicht nur mit den Leuten, mit denen du Kuss- oder Liebesszenen spielen musst: In Wahrheit kennt man sich ja gar nicht. Und natürlich dauert es mit normalen Leuten in anderen Situationen auch ein paar Wochen, bis man sich kennenlernt und vertraut. So war's auch mit Benno zum Beispiel für »Krieger und Kaiserin« – heute sind wir Freunde.

In den neun, zehn Wochen, in denen ich jetzt mit Matt arbeite, würde ich schon sagen – und das hat er auch gesagt –, jetzt sind wir Freunde geworden oder so eine Art Freunde. Aber das geht nur, wenn man respektiert, dass das seine Zeit braucht. Du kannst nicht gleich jedem um den Hals fallen.

Eigentlich hat ja jeder Mensch so einen natürlichen Bannkreis und der wird halt immer kleiner, je näher man jemanden an sich ranlässt. Ich bin jemand, der das sehr, sehr respektiert, weil ich das auch respektiert wissen möchte. Ich glaube, dass Matt und ich uns darin sogar ähnlich sind, und deshalb sind wir uns anfangs nie so nahe gekommen. Aber irgendwann muss man dann auch sagen, also jetzt mach' ich aber mal einen Schritt draufzu. Mir ist das schon immer ein Anliegen, auf einer gewissen Ebene mich privat mit den Leuten auseinander zu setzen, weil du natürlich auch neugierig wirst.

War auch etwas Hollywoodstar-Ehrfurcht im Spiel?

Das ist eigentlich ganz schnell weg gewesen. Bei Johnny Depp bin ich das nie losgeworden, einfach deshalb, weil ich so wenig Zeit mit ihm verbracht habe und er auch älter ist. Aber bei Matt war das ganz schnell kein Ding mehr. So hat es seine Zeit gebraucht, aber letztendlich ist es dann auch besser so.

Als ich damals »Anatomie« gedreht habe, wo mein Pensum ungefähr vergleichbar war mit dem von Matt hier, ging jeder Drehtag von fünf Uhr früh bis zum Abend. Da habe ich nie was mit meinen Schauspielerkollegen gemacht. Ich bin abends nur ins Bett gefallen. Die haben sich vielleicht auch gefragt: Hä? Wieso kommt die nicht mal mit?« Von daher versteh' ich ihn. Deshalb bin ich auch vorsichtig.

Interview: Klaus Rathje

10.000 DOLLAR VON MATT DAMON

Dreharbeiten in Prag

Marcel besteht darauf, stets die Tür der Studio-Limousine zu öffnen – bei jedem Ein- und Ausstieg. So viel Glanz muss sein. Schließlich kutschiert der tschechische Chauffeur den »German Moviestar« Franka Potente aus »Run Lola Run«, der auch in den Prager Kinos lief. Hier in der Moldau-Metropole fährt der Diplomatensohn an jedem Drehtag vom Hotel zum »Basecamp«. Tür aufhalten, Franka aussteigen lassen. Erst mal geht's in den »Trailer«, wie der Wohnwagen am Set im Hollywood-Englisch genannt wird. Ein schlichtes Schild mit der Aufschrift »Marie« – Frankas Charakter in »The Bourne Identity« – klebt an dem nicht übermäßig luxuriösen Gefährt. Fünf Minuten später huscht die Kostümassistentin herein. Heute stehen Stiefel, Jeansrock und Lederjacke auf dem Kleiderprogramm. Zehn Minuten später sitzt Franka im »Make-up-Trailer« – neben Matt Damon. Gut gelaunt parodiert er eben noch eine Szene mit Mel Gibson aus »Was Frauen wollen«, bringt sein Umfeld zum Lachen, um sich dann geduldig von Kay die Haare frisieren zu lassen. Frankas muss ausnahmsweise mit einer rot-braun gescheckten Perücke vorlieb nehmen (später im Film

»Trailer«-Camp in Prag

wird sie halblange schwarze Haare tragen). Dann bekommt Jean-Luc Russier seinen Auftritt. Der selbst perfekt gepflegte Make-up-Stylist verpasste schon einigen Hollywood-Größen den richtigen Teint. Franka verrät er ein kleines Berufsgeheimnis: Um die Hauptdarstellerin in einem Film besonders schön aussehen zu lassen, schminkt der Franzose sie einfach heller als die anderen Akteure. Simpel, aber höchst wirksam ...

Nächste Station: Der Drehort an sich, zwei Straßen weiter. Marcel hält die Tür auf, »Marie« steigt aus. Vom schicken Oberklassenauto muss sie nun auf einen ziemlich ramponierten Austin Mini umsatteln. Matt Damon alias Jason Bourne wird ihr gleich 10.000 Dollar bieten für eine Fahrt quer durch Europa. Nach kurzem Dialog willigt Marie ein. Nur Regisseur Doug Limon funkt ein paar Mal dazwischen. Bis zur Mittagspause ist die Szene im Kasten. Da der Thriller im Winter spielt, der Januar in Prag aber keinen bleibenden Schnee hergegeben hat, musste das Team zwei Straßenzüge inklusive parkender Autos, Hausfassaden, Bürgersteige und Fensterbretter mit einer Art Zelluloseregen überschütten. Das sieht erstaunlich echt aus. Laut einer Zeitungsmeldung, die bis nach Deutschland vordringen sollte, legten die eingeschleppten klebrigen Papierfasern die Klimaanlage eines benachbarten Hotels lahm ... Ansonsten macht der Kunstschnee einen eher unschuldigen Eindruck.

Noch drei kleinere Szenen trennen Franka vom Feierabend. Alles in allem dauert ein durchschnittlicher Drehtag um die zwölf Stunden. Dieses erste große Hollywood-Engagement bringt zudem eine Sechs-Tage-Woche mit sich!

Den freien Tag verbringt Franka, man solle es nicht für möglich halten, mit Tennisspielen (zwei Stunden!) und Schlittschuhlaufen (auch noch mal eine Stunde). Immer dabei, wenn's ums leibliche Wohl geht: Frankas »Personal Trainer« Mike. Schon zwei Monate vor Drehbeginn schickte ihn Universal Pictures nach Berlin.

Der fünfmalige »Mr. Universum« sorgt seitdem für einen schnellen und kontrollierten Muskelaufbau, um Franka sehniger aussehen zu lassen. Schließlich muss sie neben einem durchtrainierten Matt Damon bestehen. Die Muskeln seien allerdings eher sekundär, erklärt Mike. Fitness erzeuge ein besseres Körpergefühl, was wiederum Ausstrahlung und Leinwandpräsenz verbessern würde. Auch für Matt Damon ist Mike zuständig. Nach »The Bourne Identity« wird er den dreißigjährigen Hollywoodstar bei den Dreharbeiten zu »Ocean's Eleven« (mit Julia Roberts) begleiten. Für den Erfolgsfilm »American Beauty« brachte er Oscargewinner Kevin Spacey in Form. Ansonsten betreibt er ein Fitneßstudio in Los Angeles. Sein Mentor war Arnold Schwarzenegger, der ihn als mittellosen Teenager zum Star-Athleten ausbildete.

Am drehfreien Tag ging's in eine Prager Eishalle ...

**Obligatorisch:
Die Abschiedsparty
am Prager Set**

Matt Damon, der in Drehpausen bzw. nach Drehschluss gern Scrabble und Monopoly spielt, zählte auch zu den »Run Lola Run«-Kinogängern: »*Der Film war sehr populär in Amerika. Ich habe ihn etwa einen Monat nachdem er rauskam gesehen, weil auf einmal jeder darüber redete. Wenn ich jetzt gefragt werde, mit wem ich gerade arbeite und ich sage, mit der großartigen Schauspielerin Franka Potente, dann werde ich immer gefragt: Wer?? Dann sage ich: You know, Lola ... Und jeder weiß Bescheid.*« Ratschläge in Sachen Ruhmbewältigung möchte der Oscarpreisträger allerdings nicht erteilen: »*Ich glaube, Franka regelt das schon sehr gut. Ich sehe mich überhaupt nicht in der Position eines Lehrers ihr gegenüber. Wir sind Freunde. Falls Sie aber auf ein Problem in der Richtung stoßen sollte – wir können sehr gut miteinander reden, weil wir uns vertrauen.*«

HOLLYWOOD IS CALLING

Casting mit Fallrückzieher

Lange vor den Dreharbeiten lernte Franka noch mal »Casting« auf amerikanisch: Universal Pictures machte daraus eine über mehrere Termine gesplittete Prozedur. Hollywood rief manchmal an, um einen weiteren Casting-Termin am folgenden Tag anzukündigen. Einmal sogar mit Perücke: Franka sollte in Blond

erscheinen, kaufte sich für 500 Mark Kunsthaar, jettete nach L.A. und traf den verdutzten Regisseur, der das nur mit einem »*Wie siehst du denn aus?*« quittierte. Schließlich soll ihr Charakter dunkles Haar tragen ...

Bis Franka den Zuschlag bekam, sollten trotzdem Monate vergehen. Mehrere Deadlines ließ Universal wieder aufheben, während Franka in Kreuzberg die Wände hochlief. Schließlich ließ sie über ihre US-Agentur William Morris kühn und selbstbewusst das Interesse an der Rolle zurückziehen. Mit Erfolg: Denn nun gab Universal postwendend das Okay. Franka bekam die Rolle.

Alles Weitere entwickelte sich umso entspannter. Während der Vorbereitungen in Los Angeles hatte Franka selbst zu Produzent Frank Marshall einen kurzen Draht.

Wenn sie ein Problem mit neuen Drehbuchfassungen hatte, genügte ein Anruf, um alles bei einem gemeinsamen Frühstück zu besprechen: »*Ich habe gelernt, dass viele Dinge nicht so wild sind, wenn man in der Situation drin ist und vor allem, wenn man darüber redet.*«

Nachdem die Prager Dreharbeiten im Februar 2001 für Franka beendet waren, folgten im Juni noch ein paar Szenen auf der griechischen Urlaubsinsel Mykonos (im Film: Korfu). Nicht der schlechteste Ausklang für die erste Hauptrolle in einer Hollywood-Produktion.

Die ersten zwanzig Jahre ihres Lebens verlebte Franka allerdings in Orten wie Münster, Detmold, Greven und Dülmen, absolvierte ganz klassisch Geigen- und Blockflötenunterricht, jobbte bei McDonald's, war schlecht in Mathe, legte trotzdem ein gutes Abitur hin – und schwärmte praktisch von Geburt an für die Schauspielerei.

NACH FÜNF IM URWALD

Wie alles begann

»Räum du doch auf!«
Anna

1974 tritt Romy Schneider in »Nachtblende« auf, die Volljährigkeit wird auf 18 herabgesetzt, und Rolling Stone Bill Wyman nahm ein Stück namens »What a blow« auf. Kaiser Franz hielt den WM-Cup in die Höhe, Dieter und Hildegard Potente ein paar Wochen später ihr erstes Kind ...

Und zwar um 11 Uhr, Ortszeit Münster, am 22. Juli, dem Geburtstag der nun frischgebackenen Großmutter Potente. Drei Jahre später folgte ihr Bruder Stefan. Eigentlich trägt er die Schuld an Frankas späterer Filmkarriere. Denn nun meinte Klein-Franka, um die Aufmerksamkeit der Eltern werben zu müssen: *»Als er da war, habe ich gedacht, dass man mich nicht mehr haben will. Ich hätte ihn am liebsten in einem Päckchen sonstwohin geschickt.«* Zum Glück fand sie eine kreativere Lösung für ihre Eifersucht. Sie stürzte sich in schauspielerische oder sonstwie kreative Aktionen.

»Dass Franka Schauspielerin wurde, ist für mich eine logische Entwicklung«, verriet Bruder Stefan 1997 der »Cosmopolitan«: *»Als Kind hat sie Ohnmachtsanfälle vorgetäuscht. Ich habe das nie geglaubt, aber immer mitgespielt. Bei ihren Shows brauchte sie mich als Statist, ich hab' aber nie so richtig die Hauptrolle gekriegt.«*

Die andere Seite offenbart Mutter Potente: Klein-Franka war ein Angsthase: *»Als wir eines Abends gegen 22 Uhr von einer Veranstaltung zurückkamen, brannte im gan-*

1976: Franka als Zweijährige in Detmold

zen Haus das Licht. Franka hatte in dieser Zeit ihren kleinen Bruder geweckt, der sie beschützen musste. Zur Belohnung las sie ihm Geschichten vor.« Meist sogar selbstverfasste: »Sie hat seit der Grundschule ein Buch mit seitenlangen Fantasiegeschichten.«

PFERDE IM MÜNSTERLAND

»Ich war einfach so wie jedes kleine Mädchen. Ich wollte ein Pferd haben. Meine Oma hat uns immer Geld geschenkt und gesagt: ›Das ist für dein Pferd.‹ Das kam ins Sparschwein, und dann hat sie gesagt: Jetzt kannst du schon den Schwanz kaufen. Ich dachte, das ist ja super ... Ich kannte in der Grundschule in Detmold eine Sascha, die ›sehr reich‹ war – zumindest war das unser kindlicher Eindruck. Sie besaß ein Pony. Wir konnten das nicht fassen, dass dieses Kind ein Pferd hat. Ich war sogar mit der befreundet, weil ich mit ihr Blockflötenunterricht hatte. Einmal dachte ich, ich flipp' jetzt aus, da gab's ein Schnitzel, und obendrauf war ein Ei. Ich wusste nicht, wie ich das essen soll. Dann haben die mir erklärt, dass

1978: Franka mit ihrem Bruder Stefan:
»Ich hätte ihn am liebsten in einem Päckchen sonstwohin geschickt.«

»Ich war einfach so wie jedes kleine Mädchen.«

Stefan Potente mit Schwester Franka: »*Als Kind hat sie Ohnmachtsanfälle vorgetäuscht. Ich hab' das nie geglaubt, aber immer mitgespielt.***«**

man das Ei aufpieken muss, und dann läuft das Eigelb darüber. Das war ganz toll, auch die Villa. Das Highlight war, dass man nach dem Blockflötenunterricht eventuell zu dem Pferd gefahren ist. Das hat mich den ertragen lassen. Der war meistens bei ihr zu Hause.

Letztes Jahr habe ich mal gedacht, ich könnte mal gucken, was mit dem Reiten so ist. Okay, dachte ich, dann gehen wir gleich in die Vollen, habe mir von den Reitstiefeln bis zum Reithelm alles besorgt. Und bin zweimal dahingegangen zu einem ganz niedlichen Reiterhof außerhalb von Berlin. Ja und irgendwie – als Erwachsener ist das nicht mehr so richtig was. Erst mal hab ich total Schiss gehabt vor diesem Pferd ... Man ist als Erwachsener ein bisschen zu kompliziert, weil man so viel nachdenkt. Das muss man als Kind lernen.«

Die Unbeschwertheit der Kinderjahre trübte nur ein Unfall am heimischen Herd: Franka zog sich Verbrennungen durch kochendes Wasser zu: zwei Jahre lang musste täglich der Bauch einbalsamiert werden. Heute ziert ein Sonnentattoo den Bauchnabel.

Die »patente Potente« zog wegen der Lehrerlaufbahn des Vaters munter durchs Münsterland: Eineinhalb Jahre nach der Geburt in Münster besuchte sie die Grundschule in Detmold und Greven, wohnte bis zum Abitur 1994 in Dülmen, wo die Eltern ein Reihenhaus besitzen.

MATHEMATIK: UNGENÜGEND

»Ich war fast jedes Jahr Klassensprecherin. Und ich war so'n bisschen der Klassenclown. Ich war nie die Klassenbeauty. Bei mir hielt sich das ganz gut die Waage, ich war nie eine, die nur mit Mädchen zusammen war, ich konnte auch gut mit Jungs. Deswegen war ich, glaube ich, für jeden okay.«

Nicht okay waren Frankas Leistungen in Mathe. *»Ich hatte ein horrendes Problem mit Mathematik. Vor allem nachdem ich in Amerika war, war das ein Problem. Das Geld, was meine Eltern für Nachhilfe ausgegeben haben, davon hätte ich einen Kleinwagen kaufen können. Ich habe geheult, mich hat das einfach überhaupt nicht interessiert. Ich konnte einfach nicht zuhören in Mathe. Es war sogar so, dass ich sehr viele Fehlstunden hatte, weil ich ja viel unterwegs war zu Vorsprech-Terminen. Das war knapp an der Schmerzgrenze. Ich hatte eine Fünf Minus in Mathe. Mein Vater hat mit dem Mathelehrer ein Gespräch unter Lehrern geführt, um noch um einen Punkt zu betteln. Sonst wäre es schlichtweg so gewesen, dass ich bei einem Schnitt von 2,1 kein Abitur geschafft hätte.«*

Zog munter durchs Münsterland: Münster – Detmold – Greven – Dülmen

BERUFSZIEL: SCHAUSPIELERIN

Wenn es mal mit den Eltern ins Theater ging, und den Darstellern am Ende applaudiert wurde, dachte sich Klein-Franka: »*Das möchte ich auch mal haben.*« Ihre ersten Erfahrungen vor Publikum erlebte sie als Elfjährige mit Handpuppen und einem Pappkarton als Bühnenkasten. Ihre Lehrerin engagierte sie damals regelrecht für eine Elternveranstaltung in der Schule.

In der fünften Klasse (1985) besuchte Franka bereits eine englischsprachige Theatergruppe an ihrem Grevener Gymnasium: »*Wenn man Franka damals fragte: ›Was willst du denn mal werden?‹ hat sie immer schon ›Schauspielerin!‹ gesagt*«, erinnert sich ihr Vater.

Damals habe Franka sogar ein kleines Theaterstück geschrieben: Mit zwei anderen Möchtegernen nannte sie sich »Die drei Theatermäuse«. Ziel war es, einen landesweiten (!) Schultheaterwettbewerb zu gewinnen. Franka spielte eine »*fetzige Jugendliche, die Oma und Opa schockiert*«. Zu den Gewinnern zählte Franka freilich nicht, aber es bewies ihren frühzeitigen Ehrgeiz und (wenn auch übermütigen) Aktionismus auf diesem Gebiet.

Franka 1995 in München: Endlich an der Schauspielschule!

Petra Schneider porträtierte Franka als Schauspielschülerin in München

»Ich wusste damals gar nicht, wie man das machen soll, Schauspieler werden. Ich habe als Kind mal, so als Zehn- oder Zwölfjährige, an diese Weihnachtsserie ›Anna‹ (ZDF-Mehrteiler) geschrieben, dass ich zwar kein Ballett kann, aber irrsinnig gerne so eine Freundin von der Anna spielen würde, ob's da was gäbe. Und dann habe ich sogar Post zurückgekriegt und war so aufgeregt – ich hab' das meinen Eltern auch gar nicht erzählt – und da stand drin: ›Da Sie nicht in den Hauptproduktionsorten Hamburg, Berlin oder München wohnen, können wir Ihnen keine Hoffnung auf eine Mitwirkung machen ...‹ Ich hatte das Gefühl, ich wär' so nah dran gewesen!«

»SO LIEBST DU MICH AUS LANGEWEILE«

Theater-AG und Schauspielschule

Und Ausatmen. Nun spannen die zwölf Schüler des Dülmener Clemens-Brentano-Gymnasiums, die hier auf dem Bühnen-Boden ihrer Aula liegen, jeden Muskel in Beinen, Armen und Bauch an. Auf Ansage einer erwachsenen, ruhigsonoren Stimme von außen entspannt sich die Theater-AG der 9. bis 13. Klasse wieder. Aufwärm-Übungen. Stimmbildung. Körpertheater. *»Wir befinden uns im Dschungel.«* Die Gruppe steht auf, und zwölf individuelle Pantomimen beginnen, sich durchs Unterholz zu kämpfen. Als Außenstehende wollen wir uns damit nicht begnügen. Wir versetzen uns zusätzlich einfach zehn Jahre zurück und sehen plötzlich Franka Potente hier vor uns exotische Pflanzen entdecken. *»Wie sehen die aus, wie riechen die?«* Die erwachsene Stimme ist dieselbe geblieben. Sie gehört Manfred Molitor, Lehrer und seit 1980 Leiter der von ihm gegründeten Theater-AG.

Zu Frankas Zeiten auf dem Programm: 1991 Büchners »Leonce und Lena« mit Franka als *»So liebst du mich aus Langeweile«*-Rosetta. Auf drei Bühnen und mit ziemlich viel Bewegung, zum Teil in Rollschuhen. 1992 war sie in »Der Zusammenstoß« von Kurt Schwitters unter anderem als lebender Teddy-Bär zu sehen. 1993 schloss »Diener zweier Herren«, eine Verwechslungskomödie von Carlo Goldoni im Stil der Commedia dell'arte, Schulzeit und Theater-AG ab. Drei Jahre, mehrere Rollen, in denen Franka immer die gleichen schwarzen langen Haare trug. Aus heutiger Sicht unvorstellbar.

»Schultheater« wird im Feuilleton gerne als Schimpfwort benutzt, wenn es gilt, die Arbeit eines Schauspielers in Grund und Boden zu stampfen. Das

Gymnasiastin Franka mit Markus Schneider in Büchners »Leonce und Lena« (1991)

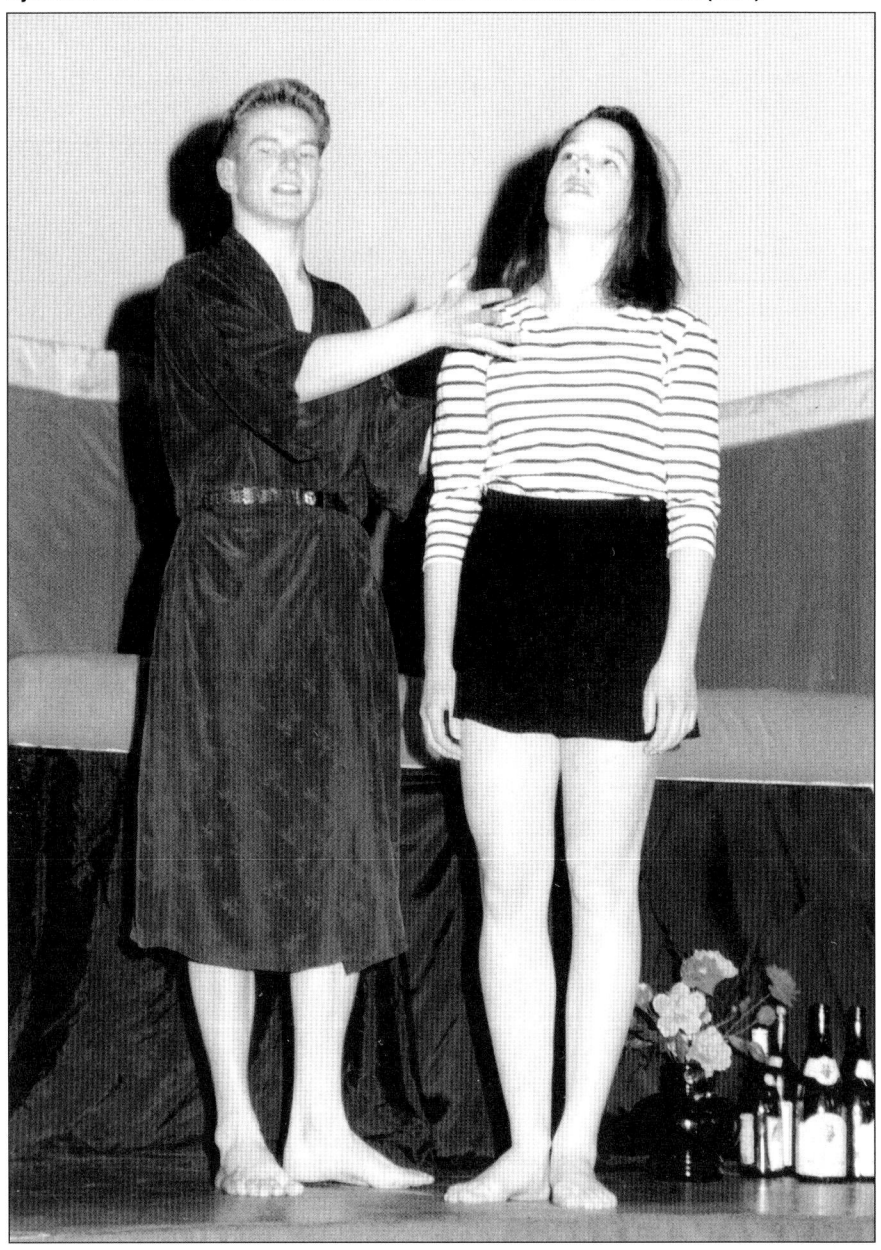

bequeme Vorurteil beruht auf einer sehr realen Schreckensvision: Ein geschei-
terter Mime, der ursprünglich nur nebenbei auf Lehramt studieren wollte, hat
sich frustriert verbeamten lassen. Als Ausgleich für die Schmach, statt Prinz von
Dänemark nur Pauker geworden zu sein, tauscht er für zwei AG-Stunden in der
Woche Pult gegen Bühne, auf der eine Hand voll überforderter Schüler seiner
Frontal-Regie Folge zu leisten hat.

Molitor hingegen unterrichtet ganz gerne, nur das Notengeben widerstrebt
ihm. Seit zwei Inszenierungen – vor und nach Frankas Zeit – Landespreise gewan-
nen, wird seine Arbeit zumindest für das Schul-Renommee als wertvoll aner-
kannt. Man lässt ihn machen. Dazu gehört nicht, ein zweites Stadttheater im
Mini-Format aufzubauen. »*Dieses Stehtheater ist für Schüler eine Überforderung*«, weiß der Deutsch- und Geschichtslehrer und nutzt Theater als intensive
Methode, mit Texten umzugehen. Das bedeutet auch, dass die Verantwortung
für das Ergebnis bei der Gruppe liegt. Zuweilen scheint es, als sei jede/r Zweite
auch Regieassistent. Aber das Kollektiv funktioniert. Molitor greift nur gele-
gentlich ein mit Vorschlägen, Korrekturen oder, um zu einer Choreographie ein
Garcia-Lorca-Gedicht vorzulesen, weil das Wort »Orangenblütenzweigen« von
keinem Schüler bewältigt werden konnte, ohne Lachsalven loszutreten.

»Sehr wichtig für meine schauspielerische Entwicklung«:
Franka in Manfred Molitors Inszenierung von »Diener zweier Herren«

Franka über Molitor: *»Er war sehr wichtig für meine schauspielerische Entwicklung. Was Moli mit uns schon damals gemacht hat, geht weit über eine Laienspielgruppe hinaus. Er ist ein Theaterenthusiast und hat das absolut auf uns übertragen. Ich habe ihn immer ein bisschen bewundert – ihn umwehte ein ›Hauch von Theater‹.«*

Molitors Maxime: *»Man muss wissen, warum man etwas macht und es am besten auch spüren. Sich ein emotionales Gedächtnis zu entwickeln – das geht.«*

Schon im zweiten Jahr waren bei Franka gewachsene Begeisterung und Engagement zu verzeichnen. Sie gestaltete das Plakatmotiv mit, schrieb im Schuljahrbuch über die neue Inszenierung der AG:

»Nach einigen Treffen war die Gruppe wieder auf ›Betriebsklima‹, so dass ›Der Zusammenstoß‹ in Angriff genommen werden konnte. In dem Stück des Dadaisten Kurt Schwitters geht es um einen grünen Stern, welcher ... in absehbarer Zeit mit der Erde zusammenstoßen wird. Als dies bekannt wird, bricht Panik aus, Menschen im Café, ein Liebespärchen und der verwirrte Rommel sind besorgt; ein Teddy erwacht zum Leben, und der Beamte Meisterlich fühlt sich berufen, den

34

ganzen Weltuntergang zu organisieren. Letztlich jedoch rauscht der ›Grüne Globus‹ noch knapp an der Erde vorbei, und ein Freudenfest beginnt. ... Das Stück war also ausgewählt. Nun wurden erst mal Rollen gelesen und verteilt, Text verändert, gekürzt und geprobt – bis das Stück halbwegs, auf allerdings noch wackeligen Beinen, stand – Zeit für Lette! In Lette findet jährlich – also vor jeder Aufführung – ein Probenwochenende statt, wo dem Stück noch der letzte Schliff verpasst wird, oft aber auch noch kreative Einfälle eingebaut werden. Neben nächtlichem Spaß, Gelaber und Diskussionen wird natürlich tagsüber hart geprobt, Konzentration und Textbeherrschung sind ein ›Muss‹.«

Molitor hat von diesen Wochenenden noch ein ganz spezielles Andenken. Nachdem Franka ihm bei Aufwärmübungen auf den Zeh gesprungen war, konnte er nur humpelnd weiterproben. Als er später den Arzt aufsuchte, stellte sich heraus, dass der Zeh gebrochen war ...

Franka:»*Markus (Schneider, auch aus der AG) und ich haben im Kulturteil der Westfälischen Nachrichten einen Artikel über die westfälische Schauspielschule gelesen, in dem auch Adressen von anderen Schauspielschulen standen. Da habe ich überhaupt erst genau kapiert, dass es Schulen dafür gibt. Wir haben uns in München beworben und sind beide in der zweiten Auswahlrunde rausgeflogen. Das war aber schon mal ganz gut, weil man zusammen dieses Leid geteilt hat. Immerhin hatten wir schon 300 bis 400 Leute ausgestochen. Das war ja schon was.*«

Auf die klassische Frage, ob Frankas weitere Entwicklung vorauszuahnen gewesen wäre, winkt Molitor bescheiden ab: »*Mir das zuzutrauen würde ich als Anmaßung empfinden.*« Und doch hat schon mancher in seiner AG die eigene Berufung entdeckt. Eine Abiturientin vom letzten Jahr hat gerade in Münster begonnen, Theaterpädagogik zu studieren. In der aktuellen Gruppe zeigt sich jemand in Richtung Bühnenbild/Kostüme interessiert, und aus Frankas Jahrgang haben noch zwei weitere Schüler die Schauspielerlaufbahn eingeschlagen. Stephan Tölle nahm Privatunterricht und ist zur Zeit bei einem Tourneetheater engagiert. Markus Schneider schaffte es schließlich, an der Schauspielschule Graz aufgenommen zu werden. Letztes Jahr stand er im »Cyrano« neben Klaus Maria Brandauer auf der Bühne des Wiener Burgtheaters; jetzt ist er am Krefelder Stadttheater. Doch vor allem Frankas Erfolg ist an ihrer Schule präsent und sorgt für nicht immer angenehme Öffentlichkeit. In Pressemeldungen von neuen Inszenierungen heißt es schon mal »*Auch nach Franka Potente wird am Clemens-Brentano-Gymnasium noch Theater gespielt.*«

Als Franka Molitor anrief und ihn bat, sich die Bambi-Verleihung anzusehen, dachte er zunächst *»Oh, schön. Sie wird wohl einen Preis kriegen.«* Dass sie ihm ihr goldenes Reh auch noch persönlich widmen würde, zur besten Sendezeit, konnte er nicht ahnen. Gleich am nächsten Tag standen Leute vom Radio bei ihm auf der Matte. Dabei war Molitor schon vor den weit geringeren Folgen seiner lokalen Prominenz ins zwanzig Kilometer entfernte Nottuln geflohen.

Aber der Kontakt zu Schülern übers Abitur hinaus freut ihn natürlich. *»Es gab mal eine Zeit«*, erinnert er sich, *»kurz nach ›Nach fünf im Urwald‹, da waren ihr Dülmen und Münster plötzlich viel zu klein.«* Aber diese leicht snobistischen Anflüge gingen schnell vorbei. Die heimatliche Bindung ist stark und wichtig. *»Wenn wir uns treffen, weiß ich: Da spricht jetzt Franka genauso wie immer.«* Mit der AG wurde er auch nach Wuppertal zu den Dreharbeiten von »Der Krieger und die Kaiserin« eingeladen, der Film, den er nach der Lehrlingszeit von »Nach fünf im Urwald« und dem Gesellenstück »Lola rennt« als erste Meisterleistung Frankas bezeichnet.

Molitor: *»Ich habe den Eindruck, dass sie jemand ist, der die Anstöße von innen bekommt. Bei uns hieß es: ›Franka, überleg mal. Wer bist du jetzt? Komm ein-*

fach so, aus dem Bauch heraus.‹ Wenn sie jemand als Marionette führen wollte, würde man ihr das anmerken. Deshalb hat sie sich als Teddy in unserem ›Zusammenstoß‹ auch zunächst nicht wohlgefühlt. Sie braucht die Auseinandersetzung mit der Situation und ihrer Figur insgesamt. Sie besitzt eine ganze Menge an Gefühl und emotionaler Stärke, und das funktioniert besser mit Regisseuren, die mit ihren Schauspielern zusammenarbeiten und nicht einfach ihre Konzeption durchdrücken wollen.«

Franka: *»Ich habe dann später gesehen, dass er eigentlich wie an der Schauspielschule mit uns gearbeitet hat. Wir haben ganz viel improvisiert, um überhaupt zu sehen, was wir machen wollen. Es war nicht so, dass uns etwas aufoktroyiert wurde.«*

Bei der ersten Absage der Otto-Falckenberg-Schule rieten die Juroren der Zwölfklässlerin, erst mal das Abitur zu machen und es dann noch einmal zu versuchen. Der zweite Bewerbungsversuch sollte dann auch gelingen. 1994, gleich nach dem Abitur, zog Franka von Dülmen nach München, um ihren Schauspiel-Traum zu verwirklichen. Etwas Metropolenluft konnte Franka schon 1992 in

Houston/Texas riechen, wo sie ein halbes Jahr als Austauschschülerin verbrachte (und natürlich auch dort eine Theater-AG besuchte). Da sie sich schwer in einen Amerikaner verliebte, musste sie zurück in Deutschland bei McDonald's jobben – um die hohen Telefonrechnungen bezahlen zu können ...

»Ich glaube, für meine Eltern war es wichtig, dass das Kind irgendwie Abitur macht. Das Gute war ja, dass ich die Aufnahmeprüfung pünktlich vor dem Abi geschafft habe. Ich glaube, es wäre schon ein Problem für meine Eltern gewesen, wenn ich ein Jahr rumgehangen hätte. Meine Mutter hat immer gesagt, wenn das nicht klappt, dann kannst du ja Logopädin werden. Wenn ich studiert hätte, dann Biologie, weil ich das als Unterrichtsfach sehr interessant fand.«

»Nach fünf im Urwald«: Frankas Filmfamilie Farina Brock (l.), Dagmar Manzel und Axel Milberg

DER STAR VON MORGEN

Frankas Kinodebüt »Nach fünf im Urwald«

»Ich hatte in dem Jahr ein Wahnsinnsglück. Ich wurde in einer Bar entdeckt, habe einen Film gedreht, habe einen Preis erhalten und habe in dem Regisseur von ›Nach fünf im Urwald‹, Hans-Christian Schmid, eine neue Liebe gefunden. Also Glückseligkeit nonstop.«

Frankas persönlicher Rückblick auf das Filmjahr 1995/96 (Zitat von 1997) spricht Bände. Die Schauspielschülerin wird auf einen Schlag als Deutschlands heißester Filmnachwuchs gefeiert. Bis sie die aufmüpfige Anna spielen konnte, die gegen Filmpapa Axel Milberg rebelliert, brauchte es noch zwei glückliche Umstände. Den ersten beschreibt Jakob Claussen, der 1992 mit Thomas Wöbke die mittlerweile höchst erfolgreiche Claussen+Wöbke Filmproduktion gründete: *»Der Südwestfunk hatte noch Geld übrig, das musste ausgegeben werden. Wir haben gesagt: ›Hier sind wir.‹ Am Buch haben zum ersten Mal Hans-Christian und Michael Gutmann zusammengearbeitet (wie später auch bei »23« und »Crazy«), wir haben schnell finanziert. Eigentlich sollte das ja ein Fernsehfilm werden.«*

Die zweite schon legendäre Schicksalsfügung passierte in der Münchener »Wunderbar«: *»Franka betrat die Bar und gefiel mir sofort, weil sie einer modernen Stadtindianerin glich. Ich verfolgte Franka bis auf die Toilette. Ihr war das alles sehr unheimlich, sie dachte, ich hätte lesbische Veranlagungen, nahm aber*

Die 17-jährige Anna (Franka) brilliert nicht gerade bei ihrem Casting in München

trotzdem meine Visitenkarte an.« Casting-Agentin Nessie Nesslauer suchte allerdings eine Moderatorin für ein neues Girlie-TV-Magazin. Dafür machte Franka Probeaufnahmen, bei denen sie aus ihrem Tagebuch vorlas. Glücklicherweise wurde aus dem Projekt nichts.

Das Video wanderte allerdings an einen Freund Nessies, Jungregisseur Hans-Christian Schmid, der eine Hauptrolle zu besetzen hatte. Auch in seinem Leben, wie sich später herausstellen sollte: *»Wir haben uns ganz langsam ineinander verliebt. Bei den Dreharbeiten sind wir uns nähergekommen«*, verriet Franka damals der Zeitschrift »Cinema« (7/97). An die erste Begegnung kann sie sich heute noch schmunzelnd erinnern:

»Ich traf den Hans-Christian und hatte gar keine Vorstellung davon, was es heißt, einen Film zu drehen. Das kam auch eher klein daher. Ich dachte, o Gott, das ist ja ein total junger Typ. Ich hatte eine total klischierte Vorstellung von einem Regisseur. Der wirkte wie so'n Student.«

**Sonnenschein
Franka posiert mit
ihrer Filmschwester
Farina Brock hinter
den Kulissen von
»Nach fünf im Urwald«**

WENN ELEFANTEN FALLSCHIRMSPRINGEN ÜBEN ...

Das erste Drehbuch-Treatment von »Nach fünf im Urwald« wurde ins Englische übersetzt und dem amerikanischen Drehbuchautor und Dramaturgen David Howard geschickt. Es war in Deutschland noch kein Dramaturg zu finden, der auf *»ähnlichem Niveau Hilfestellungen und Ratschläge«* geben konnte, begründet Jakob Claussen diese zeit- und kostenintensive Prozedur.

In der letzten Drehbuchfassung entwickelte Schmid dann, so weit das möglich war, die Dialoge gemeinsam mit den Schauspielern: *»Manchmal ließ uns der Drehplan auch Zeit für Improvisationen, so dass ich nur den Anfang und das Ende einer Szene vorzugeben brauchte. In diesen Besprechungen und Proben sind Facetten der Figuren zum Vorschein gekommen, kleine Angewohnheiten und Macken, auf die ich allein nie gekommen wäre.«*

Heraus kam die Geschichte von »Nach fünf im Urwald«: Das ist die Zeit, wenn die Elefanten Fallschirmspringen üben und alle Krokodile, die sich nicht in Sicherheit gebracht haben, flache Schnauzen kriegen. Auf die Nase fällt auch Anna (Franka Potente), Tochter eines Bürgermeisterkandidaten in einem kleinen Ort, hundert Kilometer vor München. Sie feiert ihren 17. Geburtstag in der ersten sturmfreien Bude ihres Lebens. Am nächsten Morgen finden ihre Eltern sie im verwüsteten Wohnzimmer: schlafend zwischen leeren Flaschen, geknickten Topf-, halb gerauchten Hanfpflanzen und der zerbrochenen Originalpressung einer alten Jazzplatte. Das gibt Streit, eine Ohrfeige, Hausarrest.

Aber nicht mit Anna. Hausarrest würde ihren lang gehegten Plan durchkreuzen, in München ein Casting zu besuchen. Also macht sie sich heimlich nach

Mit dem Taschengeld von ihrer Schwester Clara (Farina Brock) kann Anna nach München ausreißen

Eine Nacht in München durchgemacht: Anna mit Simon (Thomas Schmauser) auf dem Bahnhof

München auf, mit nichts im Gepäck als ihrer Gitarre, ein bisschen von der kleinen Schwester gepumptem Taschengeld und dem Daumen im Wind. Ausgerechnet ihr Tanzschulkamerad Simon (Thomas Schmauser) nimmt sie mit in die verheißungsvolle Großstadt.

Das Casting verläuft kurz und schmerzvoll. Nicht mal für einen 60er-Jahre-Retro-Werbespot scheint sie Janis Joplin gut genug imitieren zu können. Aber der junge Produktions-Hallodri Nick glaubt, an ihr ein anderes Talent entdeckt zu haben. Er tröstet sie mit Versprechungen, nimmt sie mit nach Hause. Doch als sich Anna in der WG-Küche nicht so leicht wie erwartet verführen lässt, verschwindet Nick »nur kurz« zu wichtigen Terminen. Seine Mitbewohner Zille und Ben kümmern sich um Anna, nehmen sie mit in die Stadt. Nach einer Bandprobe schlendert Ben mit Anna durch die Nacht. In einem geschlossenen Freibad genießen sie den Sternenhimmel, reden, schwimmen, bis auch Ben seine Verführungskünste ausprobiert. »*Ich dachte, du wolltest Erfahrungen sammeln*«, entschuldigt er sich. »*Aber doch nicht so!*« – Anna kommen die Tränen. Sie macht sich auf zum Hauptbahnhof, wo sie zufällig Simon trifft. Gemeinsam kehren sie nach Hause zurück, verabreden sich beim Abschied noch zum Eis-Essen.

Schon kommt Annas kleine Schwester ihr aufgeregt entgegen. Inmitten von Snackresten, aufgerauchten Joints und leeren Weinflaschen findet Anna ihre und Simons Eltern, schlafend. In der Nacht zuvor haben sie das Verschwinden ihrer Kinder bemerkt, nach kurzer erfolgloser Suche in seligen Jugenderinnerungen geschwelgt und sich einen feucht-fröhlichen Abend gemacht ...

»FRANKA HAT GERN IMPROVISIERT.«

Interview mit Hans-Christian Schmid, Berlin-Kreuzberg, 26. Januar 2001

Welche Szene von »Nach fünf im Urwald« ist Ihnen noch besonders im Gedächtnis geblieben?

Hans-Christian Schmid: Annas Streit mit ihrem Vater. Mit der Szene, die etwa vier Seiten im Drehbuch umfasste, war ich nicht besonders glücklich. Am Tag bevor sie gedreht werden sollte, saßen Franka, Axel Milberg und ich in einem Café, und ich habe die beiden gebeten, diese Szene zu improvisieren. Frankas

Franka mit Hans-Christian Schmid: »*O Gott, das ist ja ein total junger Typ.*«

Zeit in Dülmen lag damals noch nicht so weit zurück, und man spürte, dass sie mit ein paar Punkten, um die es in diesem Streit geht, sehr vertraut war. Zum Beispiel der Frage, wie lang man am Abend ausgehen darf, oder damit, wie peinlich es ist, von den Eltern viel zu früh von der Disco abgeholt zu werden. Axel hat als Vater dagegengehalten, und es wurde immer mal wieder ziemlich laut an unserem Tisch.

Am Abend habe ich meine Aufzeichnungen abgetippt und hatte plötzlich einen Dialog von fast zwanzig Drehbuchseiten. Da das an einem Drehtag nicht zu schaffen ist, habe ich eine verkürzte Fassung von etwa sechs Seiten geschrieben, die sich komplett von der Szene, wie sie im Drehbuch stand, unterscheidet. Ursprünglich war die Szene so angelegt, dass sich der Streit immer weiter steigert. In der neuen Fassung war es eher ein Auf und Ab, ein Streit, der in Wellen verlief. Der Vater bietet eine Versöhnung an, bittet die Tochter um Verständnis – bis die Dose mit dem Dope auf den Boden fällt. Das Team war am nächsten Morgen ziemlich entsetzt, als ich mit meinen neuen Buchseiten ankam – zwei Seiten mehr, das ist nicht so leicht zu schaffen. Aber wir haben es dann doch noch hingekriegt, und für mich ist es eine der schönsten Szenen im Film geworden.

Die Beziehung entstand bei der Arbeit: »*Wir haben uns ganz langsam ineinander verliebt.*«

In Bezug auf »Rennlauf«, wo die Schauspieler aufgefordert wurden, ihre eigene Garderobe anzuziehen, hat Franka gesagt, dass sie es nicht mögen würde, wenn Filme zu privat werden. Ist das ein Widerspruch zum Bestreben, möglichst wahrhaftig vor der Kamera zu sein?

Das ist von Person zu Person unterschiedlich. Wenn man jemanden besetzt, dessen Leben viel mit dem zu tun hat, was auf der Leinwand zu sehen sein soll, würde ich diese Verbindung nicht gerne abschneiden. Schauspielen bedeutet natürlich mehr, als eins zu eins wiederzugeben, was man schon erlebt hat. Aber man kann sehr leicht auf eine Stimmung zurückgreifen, die man kennt, wie die Ohnmacht, wenn einem der Erziehungsberechtigte »Nein!« sagt.

Wie würden Sie die schauspielerische Entwicklung Frankas beschreiben, wenn man jetzt zum Beispiel die Rollen der Anna und der Sissi in »Der Krieger und die Kaiserin« vergleicht?

Das zu beurteilen fällt mir schwer, weil ich jemanden wie Sissi eher als künstliche Figur empfinde, die Figur der Anna aber als ziemlich real und wirklich-

45

keitsnah. Wenn ich als Regisseur nicht weiß, wie sich eine Figur in einer bestimmten Situation verhalten sollte, dann ist es für mich schwer, einen Maßstab zu finden, nach dem ich diese Figur inszenieren kann. Wenn sich Regisseur und Schauspieler jedoch auf eine gemeinsame Vorstellung dieser Künstlichkeit einigen, kann da durchaus eine sehr stimmige und in sich schlüssige Welt entstehen.

Was war das Besondere an Frankas Schauspiel? Ich habe oft den Eindruck, dass sie sehr ernst und relativ kopfbestimmt arbeitet. Ich könnte mir vorstellen, dass Sie für Improvisation eigentlich weniger zugänglich ist.

Bei »Nach fünf im Urwald« hat Franka gern improvisiert. Die Rolle ließ das natürlich auch zu. Das, was Anna erlebt, hat fast jeder schon mal mehr oder weniger so erlebt. Das ist kaum vergleichbar mit einer Rolle wie der des Karl Koch in »23«. Was diese Figur durchmacht, hat fast niemand erlebt, das muss man sich erarbeiten. Hinzu kommt vielleicht, dass Franka zur Drehzeit von »Nach fünf im Urwald« noch Studentin der Otto-Falckenberg-Schauspielschule war und im Rahmen der Ausbildung dort viel Wert auf Improvisation gelegt wird.

Abgesehen vom Spaß an der Improvisation war es Franka – genau wie ihren Kommilitonen von der Schauspielschule – damals aber auch sehr wichtig, sorgfältig und genau zu arbeiten. Sie hatte ein ausgeprägtes Bewusstsein für den Aufbau einer Szene; ein Gefühl dafür, ob ein Take gut war oder nicht.

Inwieweit sind solche improvisierten Ansätze beim Drehen möglich?

Improvisation ist vielleicht vergleichbar mit der Kür, die man sich leistet, wenn die Pflicht erfüllt ist. Es kostet ja nicht viel, »Danke« ein bisschen verzögert zu sagen, wenn ich das Gefühl habe, dass da noch irgendwas kommt. Beim Streit von Anna und ihrem Vater war das mit Sicherheit so. Nach der Ohrfeige ist sein Gesicht spannend, weil er über sich selbst entsetzt ist. Dass man dann die Kamera ein paar Sekunden länger drauf lässt, bis die Spannung eindeutig weggeht, ist ganz klar. In »Crazy« hat Janosch (Tom Schilling) von Benni (Robert Stadlober) eine Ohrfeige kassiert. Nach dem dritten oder vierten Mal war das so aufgeladen, dass Robert anfing zu heulen und auch Tom Wasser in den Augen stand. Man hält die Luft an und wartet, was passiert. Das sind Momente, vor denen Schauspieler manchmal Angst haben, weil da ein Schutzvorhang fällt, weil sie etwas von sich selbst preisgeben. Das ist vielleicht auch Frankas Grund zu sagen: »Mir ist das gar nicht so lieb, meine eigenen Klamotten gehen niemanden etwas an. Meine eigenen Gefühle sind meine eigenen Gefühle.« Aber Film ist ja ohnehin in erster Linie eine Lüge. Wie kann ich ernsthaft von einem Schauspieler einen Moment der Wahrheit fordern, wenn am Drehort alles mit Technik vollsteht? Man will einfach nur, dass es wahr aussieht.

Was würden Sie im Nachhinein bei »Nach fünf im Urwald« anders machen?

Annas Streit mit ihrem Vater (Axel Milberg): *»Eine der schönsten Szenen im Film.«*

Mit den Schauspielern bin ich durchweg sehr glücklich. Ich habe das Gefühl, dass das Ensemble sehr gut ausgewählt war. Das Drehbuch hat in den ersten Szenen ein paar Schwächen. Im Nachhinein würde ich ein wenig später in die Geschichte einsteigen.

Hatten Sie vor fünf Jahren eine Ahnung, wie die Karriere von Franka weitergehen könnte? Gab es da auch einen Moment, als nicht gleich gute neue Rollen kamen, wo ein Gang zurück zur Otto-Falckenberg-Schule denkbar gewesen wäre?

Ich glaube, alle, die an der Arbeit von »Nach fünf im Urwald« beteiligt waren, hatten damals das Gefühl, dass Franka das Zeug hat, ihren Weg zu gehen. Nachdem der Film im Kino war, hat es trotzdem ziemlich lange gedauert, bis man ihr andere Rollen angeboten hat. Wenn nicht irgendwann »Lola rennt« gekommen wäre, hätte sie vielleicht erst noch ein paar Fernsehspiele gemacht, vielleicht den einen oder anderen Kinofilm. Vielleicht wäre die ganz große Karriere später erst gekommen, vielleicht nie. Wie auch bei mir und bei allen anderen hat das mit Können und mit Glück oder meinetwegen mit Schicksal zu tun.

Interview: Ralf Krämer

CONSPIRACY THEORY

Tom Tykwer in Hof

Manchmal kommt eben alles zusammen. Jakob Claussen, für dessen Produktionsfirma »Nach fünf im Urwald« der erste erfolgreiche Kinofilm war, gerät auch noch Jahre später über diese Erfolgsgeschichte ins Schwärmen. Es war »*Die richtige Rolle, im passenden Film, im richtigen Moment.*« Einer dieser Momente hieß Hof, das traditionsreiche jährliche Familientreffen der deutschen Kinobranche.

Dabei fing es mit einem Rückschlag an. Die Festival-Leitung zog »Nach fünf« von der Abendvorstellung ab und terminierte eine weniger attraktive Nachmittagsvorstellung. Diesem kleinen bayrischen Fernsehspiel wurde nicht viel zugetraut. Doch dann kam der Hype: Umgehend wurde eine Zusatzvorstellung organisiert. Ein Festivalgast, der damals wenig bekannte Kinobetreiber und Nachwuchsregisseur Tom Tykwer, erinnert sich:

»Es war ein eher mittelmäßiger Jahrgang in Hof. ›Nach fünf im Urwald‹ war auf jeden Fall einer der besten Filme, und Frankas Performance stach so unglaublich hervor, dass sie wirklich das Thema war, über das man in den folgenden Tagen geredet hat. Du siehst immer mal eine gute Schauspielerin, aber ich fand wirklich, dass sie in dem Film was hinterlassen hat. Sie hat offensichtlich ein absolut selbstverständliches Verhältnis dazu, gefilmt zu werden. Aber auch damals, in dem wirklich noch jungen Alter, bewies sie ein hohes Bewusstsein davon, wie man eine Figur ein bisschen facettenreicher und plausibler macht.

Sie versucht halt, noch etwas zu geben, was diesen seltsamen Verschwörungs-Charakter mit dem Publikum aufbaut. Ich habe ja die ›Conspiracy Theory‹, dass Franka eine heimliche Verschwörung mit dem Zuschauer aufbaut, der dieser sich nicht entziehen kann. Bevor überhaupt irgendwas passiert ist, will man schon, dass es ihr gut geht. Ich bin wirklich neugierig, was passiert, wenn sie mal eine richtig Böse spielt. Sobald man sie sieht, ist man sofort auf ihrer Seite. Das stigmatisiert sie ein bisschen zur Heldin, sie ist eine Heldin für mich, und das war schon in Hof sehr deutlich sichtbar. Jeder hat gesagt, ›Jaja, ich hab' den Film auch gesehen. Die war wirklich gut.‹ Irgendwie wusste man auch, die ist noch so jung, vielleicht ist das auch wieder eine Eintagsfliege, vielleicht macht sie eine doofe Serie, und dann ist wieder alles vorbei.«

Gruppenbild mit Franka: Das Team von »Nach fünf im Urwald«

Zehn Verleiher standen plötzlich auf der Matte. Senator bekam den Zuschlag, die Vermarktung lief an. Jakob Claussen:

»Das größte Argument, sich diesen Film anzusehen, war eine Schauspielerin, die man noch niemals vorher gesehen hat. Es gab dann einen Presse-Marathon, eine intensive Kinotour. Franka hat das alles zum ersten Mal gemacht, aber gleich mit einer Professionaliät und einem Anspruch, dass sie den Journalisten das Gefühl vermittelte, dass sie ernst meint, was sie tut.

Die 600.000 Zuschauer, die der Film gezogen hat, haben sozusagen von Start an ihren Stellenwert definiert. Und auf der anderen Seite hat das gezeigt: Das deutsche Publikum hat Lust, neue Gesichter und Talente zu entdecken.«

Nur zu einem Treffen sollte es noch nicht kommen. Als Franka sich nach Filmschluss dem Hofer Publikum stellte, war Tom Tykwer schon während des Abspanns aus dem Kino verschwunden.

»PLÖTZLICH WAR ICH EIN AUSNAHMEZUSTÄNDLER.«

Schauspielschule vs. Filmkarriere

Noch vor dem Kinostart am 18. April 1996 überreichte Edmud Stoiber den Bayrischen Filmpreis an Nachwuchsstar Franka Potente. »Die Schauspielschule schmeiße ich bald hin, fürchte ich«, *verriet Franka dem Szeneblatt* »Tempo« *auf dem cineastischen Staatsakt.*

Was sie dann auch tat. Entgegen den Ratschlägen von Eltern und Lehrern verließ Franka die Schauspielschule eineinhalb Jahre vor dem Abschluss: »*Für mich war schnell klar, nachdem ich ›Nach fünf im Urwald‹ gemacht hatte – ganz platt gesagt –, ich fand das besser als Bühne.*« Das blieb auch den Kommilitonen nicht verborgen: »*Ich bin eine Zeit lang wirklich ungern in die Schule gegangen, weil die Leute natürlich gemerkt haben, ich bin nachdenklicher als sonst. Das erregte Misstrauen. Ich will gar nicht sagen, dass die anderen neidisch waren. Aber plötzlich hatte ich was, was kein anderer hatte. In so einer engmaschigen Gruppe ist man ja psychologisch total verstrickt. Man verbringt soviel Zeit miteinander in diesen ganzen Improvisationen, das ist so eine komische Familie.*«

Zu der Filmerfahrung, die Franka den anderen nun voraushatte, kam natürlich auch der materielle Aspekt: »*Ich war plötzlich so ein Ausnahmezuständler. Ich habe damals 14.000 Mark brutto für ›Nach fünf im Urwald‹ bekommen. Da blieben 8.000 Mark übrig. Ich wusste gar nicht, was man verdienen kann beim Film. Ich hatte noch keine Agentur zu dem Zeitpunkt. Jedenfalls hatten wir ja alle kein Geld als Schauspielschüler – und ich hatte nun welches verdient. Das spielte alles mit rein.*«

Der Ablösungsprozess begann. Nur Frankas Klassenlehrerin Sigried Herzog wurde eingeweiht. »*Das war wirklich eine reine Bauchentscheidung*«, erinnert sich Franka heute. Trotzdem lief sie nicht überstürzt davon. Erst brauchte es noch zwei Schlüsselerlebnisse:

»*Das eine war dieses Chorprojekt ›Reineke Fuchs‹. Das war wie eine Metapher. Eine extreme Timing-Sache, wo alle gemeinsam, aber auch ganz schnell abwechselnd sprechen. Es war super-geprobt, und als wir es aufgeführt haben, bin ich drei-, viermal rausgefallen. Ich konnte mich nicht mehr in die Gruppe eingliedern ...*

Das andere war eine Abstimmung in unserer Klasse über etwas, wo ich wusste, ich bin dann nicht mehr an der Schule, sagte also, ich enthalte mich. Und da ging's los. Es wurde ein Misstrauensvotum gegen mich gestellt. Ein Schüler wollte gern mit mir einen Kaffee trinken gehen und sagte, er wolle mich nicht beunruhigen, aber irgendwie wäre da schlechte Stimmung gegen mich. Und da habe ich dann nicht länger warten können. Am nächsten Tag habe ich vor der ganzen Klasse gesagt: Ich wollte euch mitteilen, dass ich diese Schule verlasse. Ich habe diesen Film gemacht, das ist jetzt die Weggabelung. Mein Weg geht jetzt da weiter.«

»DIE DREI MÄDELS VON DER TANKSTELLE«

Ein Flop ohne Folgen

»Ein Tiefpunkt deutscher Komödienkultur!« urteilte »TV Spielfilm« noch vergleichsweise nett. Die Neuauflage des Filmklassikers »Die Drei von der Tankstelle« tauschte das Männer-Trio um Heinz Rühmann gegen die Jungschauspielerinnen Carol Campbell, Anya Hoffmann und Franka Potente.

Der Erfolg von »Nach fünf im Urwald« ließ sich nicht so leicht wiederholen. Nach einer kleinen Nebenrolle in der ZDF-Krimireihe »Zwei Brüder« unterschrieb Franka ihren ersten Vertrag bei Bernd Eichinger für eine Titelrolle in »Die drei Mädels von der Tankstelle«:

»Lena trifft Wigalds Pudel auf einer Sommerwiese, wo sie und der Hund dem heraneilenden Wigald ein Bild des Entsetzens bieten: Schopenhauer, der das neurotische Leiden seines Herrchens stets treu teilte, lässt einen Hasen laufen um mit einer Frau zu spielen! Doch es kommt noch dicker – denn Lena möchte nicht nur den Pudel, sondern auch Wigald gerne wiedersehen ...« (Rollenbeschreibung aus dem Presseheft).

Was ursprünglich unter dem Sat.1-Label »German Classics« ausschließlich im Fernsehen laufen sollte, wurde von Constantin doch noch zum Kino-Sommerhit gepusht. Vergebens. Nur gut 260.000 Zuschauer konnte die insgesamt ziemlich verkorkste Klamotte anziehen.

Während Hauptdarsteller Wigald Boning dem Drehbuchautor Ernst Kahl die Schuld an dem Debakel gab, lobte Franka das Skript im Nachhinein: *»Ich habe*

»Sagen Sie, machen Sie Witze?« Franka mit W. Boning in »Die drei Mädels von der Tankstelle«

viel aus diesem Desaster gelernt: vor allem, bei der Auswahl der Projekte nicht nur auf das Drehbuch zu achten. Das war nämlich ganz okay.« Problematisch war nur: Die Handlung musste quasi um »RTL Samstag Nacht«-Star Wigald Boning herumgestrickt werden: »*Constantin merkte schnell, dass Boning nicht in der Lage war, den Film alleine zu tragen«,* erinnert sich Ernst Kahl fünf Jahre später, »*also brauchte er einen ›Wasserträger‹.«* Comedian Rüdiger Hoffmann war im Gespräch. Dessen Karriere ging damals steil nach oben, während Bonings Stern langsam verblasste. Auch Tom Gerhardt, Helge Schneider und Detlev Buck waren zur Unterstützung angedacht. Letztendlich übernahm Frankas Filmvater aus »Nach fünf im Urwald«, Axel Milberg, den Part von Wigalds Freund und Psychiater ... Der machte zwar eine gute Filmfigur, vermochte Bonings selbstgefälliges Spiel aber nicht auszugleichen.

Da halfen auch Kahls gelungene Lieder nichts oder die aufgepeppte Version des 30er-Jahre-Schlagers »Ein Freund, ein guter Freund«.

»*Da bin ich mit einem blauen Auge davongekommen«,* tröstete sich Franka gegenüber der »Süddeutschen Zeitung« (17.9.1997). Denn für ihre Karriere bedeuteten »Die drei Mädels« keinen spürbaren Dämpfer. Zwar drehte sie ein dreiviertel Jahr lang »nur« Fernsehfilme, bewies ab jetzt allerdings ein besseres Gespür. Der Zeitschrift »Madame« schilderte Franka im Juli 1997 ihren selbstbewussten Anspruch: »*Auch wenn es blöde klingt: Ich möchte eine der besten Schauspielerinnen werden, die es in Deutschland gibt.«*

Porträtfoto von Petra Schneider

COMING IN / OPERNBALL

Die Fernsehfilme

»Ich nehm' zuerst eine französische Zwiebelsuppe
und dann ein halbes Dutzend Austern und
dann die gefüllte Ente mit Kroketten und dann ...«
Nina

Schon vor »Lola rennt« konnte Franka ein Millionenpublikum erreichen – wenn
auch nur übers Fernsehen. Die Beziehungskomödie »Coming In« brachte es auf
knapp vier Millionen Zuschauer, den Sat.1-Zweiteiler »Opernball« wollten sogar
neun Millionen sehen. Zwischendrin war Zeit für ein Kurzfilm mit den Bananafishbones: »Easy Day«.

TV-Komödie »Coming in«: Werbetexter Lorenz (Steffen Wink) betrügt seinen Ehemann Adrian (Helmut Berger, l.) mit einer Frau: Nina (Franka Potente)

POLITISCH KORREKT …?

Interview mit Regisseur Thomas Bahmann, München, den 21. 4. 2001

Ihr Film »Coming In« war für Franka nach einer längeren Drehpause die erste Hauptrolle seit »Nach fünf im Urwald«.

Thomas Bahmann: Da haben wir uns natürlich sehr gefreut. Aber aus Frankas Sicht war das eine sehr kluge Politik, nicht den Kopf zu verlieren und panisch zu werden, sondern die Perspektive im Auge zu behalten. Das schaffen wirklich wenige, die aus der Schule rauskommen und sich panisch aufs Nächstbeste stürzen und sich dann verheddern. Da zeichnete sich schon die Qualität von Franka ab, die ruhig Blut bewahrt hat. Das ist schon sehr beachtlich.

War Franka Ihre Traumbesetzung?

Ich muss zu meiner Schande gestehen, dass ich mir sehr viele andere Kandidatinnen angeguckt habe und relativ spät erst darauf gekommen bin, dass Franka

»Coming in«-Regisseur Thomas Bahmann (l.) spendiert Sekt für Franka und Steffen

ja nicht mehr das 17-jährige Schulmädchen aus »Nach fünf im Urwald« ist, sondern dass man einen frechen Sprung machen kann und sie in ein Reihenhaus mit einem kleinen Kind stecken kann. Als wir dann die Idee hatten, haben wir auch gar kein Casting mehr gemacht, weil wir alle sehr angetan waren.

Wie hat Franka auf die »Coming In«-Story reagiert? Es geht hier ja um das Gegenteil von einem »Coming-out«: ein Homosexueller, der seine Vorliebe für Frauen (bzw. Franka) entdeckt ...

Franka hat mir gebeichtet, dass sie am Anfang Zweifel hatte, ob der Stoff *political correct* ist. Weil man sich da leicht dem Verdacht aussetzen könnte, man macht mit so einer umgekehrten Coming Out-Geschichte Propaganda für die konservative Seite, im Sinne von: Das fehlgeleitete Schaf findet in den Schoß der Familie zurück. Auch schwule Freunde von mir waren da sehr misstrauisch, als sie die Idee gehört hatten.

Gab es bei »Coming In« Szenen, die Franka schwergefallen sind?

Schwul oder nicht schwul: Das ist für Lorenz (Steffen Wink) die Frage. In diesem Moment scheint er eher hetero zu sein

Es gibt am Schluss mehrere Szenen, in denen Franka durch die Stadt läuft, um Steffen Wink zu suchen. Als sie sich da selbst in der Halbtotalen sah, mokierte sie sich über ihren Gang, darüber war sie unglücklich. Sie sagte, ihre Eltern hätten immer gesagt, sie würde so unweiblich gehen ...

Ich fand das total rührend und habe mich gehütet, sie da elegant rumstöckeln zu lassen, das hätte überhaupt nicht zur Figur gepasst.

In Ihrer Komödie »Südsee, eigene Insel« taucht Franka als stark geschminkte Supermarkt-Kassiererin auf.

Wir haben sie so verhunzt mit der Maske, weil wir das natürlich lustig fanden, wenn sie da nicht leicht erkennbar ist.

Das war ein ganz reizender Freundschaftsdienst von Franka, da noch mal aufzutreten. Aber als sie sich das erste Mal gesehen hat, musste sie schon etwas schlucken ...

Was ist Frankas Karriere-Geheimnis?

**Auch wenn sie eine Nacht miteinander verbracht haben –
noch ist nicht klar, ob Lorenz und Nina ein Paar werden**

Ich glaube zu wissen, dass die Leute, die hoch hinauskommen, das nicht schaffen, weil sie sich furchtbar anstrengen, sondern weil sie das charakterliche Potenzial dafür haben, sich in so einer Ausnahmesituation treu zu bleiben. Das passt auf Franka wie die Faust aufs Auge.

Interview: Klaus Rathje

FRANKA, »DIE LOCKERE«

Durchbruch auf dem Bildschirm

»Ich werde oft als ›die Lockere‹ oder ›die Natürliche‹ bezeichnet – noch nie war ich sexy«, jammerte die 23-jährige Franka in ihrem Filmjahr 1997 (»Süddeutsche Zeitung«, 17.9.). Als schauspielerische Schwäche nannte sie damals ihre Fähigkeit vorauszudenken. Denn häufig würde sie ein Problem von Anfang an mitspielen, das laut Drehbuch erst auf sie zukommt. In weiser Voraussicht würde sie Augenbrauen oder Schultern hochziehen ...

»Noch nie war ich sexy!« – Franka als alleinerziehende Mutter Nina in »Coming In«

60

In »Coming In« sieht man Franka immer noch im »Nach fünf im Urwald«-Look. Ihre langen schwarzen Haare werden erst für Urs Eggers' »Opernball« gestutzt, um dann endlich ihre Chamäleon-Karriere zwischen Lola-Rot und Sissi-Blond anzutreten. Noch sind sie jedenfalls nicht Gegenstand von Kritiken, und die fallen reichlich gut aus:

»Wie Wink und Potente ihre Liebe spielen, verdient alle Achtung – die Darstellung weiß Sprödigkeit, Liebreiz und Schüchternheit zu verbinden« (»Spiegel«, 13.9.1997). Die Komödie insgesamt lobte damals die »Süddeutsche Zeitung«: *» ›Coming In‹ ist ›Der bewegte Mann‹ aus der schwulen Perspektive – und die ist um einiges lustiger, schneller und charmanter als die von Sönke Wortmann.«*

In ihrem ersten großen Fernsehauftritt spielt Franka die alleinerziehende Mutter Nina, die sich in den schwulen Werbetexter Lorenz (Steffen Wink) verliebt. Und umgekehrt. Bis sich Lorenz zum Hetero bekennt, werden noch einige Klischees von beiden Ufern aufs Korn genommen ...

Franka musste sich in der zweiten Interviewtour ihres Filmlebens natürlich auch dazu äußern:

»Wie Wink und Potente ihre Liebe spielen, verdient alle Achtung.«

Oben: Alice (Franka Potente, rechts) verliebt sich in ihre Ski-Kollegin Andrea (Johanna Wölf).
Unten: Après-Ski: Nach Drehschluss ging's gemütlich zu – Franka mit »Rennlauf«-Regisseur Wolfram Paulus und Co-Star Johanna Wölf im österreichischen Flachau

*»Die Sache in ›Coming In‹ kommt ja ziemlich plötzlich und wird nicht erklärt.
Ich glaube, dass Bisexualität in uns drinsteckt. Da muss man sich nur im Alter-
tum umschauen. Es wäre dumm, irgendwas auszuschließen«* (»BZ«, 17.9.1997).

»RENNLAUF« UND »ROSE ET MÉLANIE«

Folgerichtig spielte sie ein halbes Jahr später eine lesbische Skiläuferin in dem
etwas nüchternen Sportlerdrama »Rennlauf« aus Österreich ... Noch weniger
Beachtung fand allerdings das Roadmovie »Rose et Mélanie«.

Die deutsch-französische TV-Produktion ist bisher weder im französischen
noch im deutschen Fernsehen gezeigt worden. Dabei musste Franka hierfür echte
Seelenqualen durchstehen: *»Das war noch in dieser Kennlernphase für den Beruf
des Film- und Fernsehschauspielers. In Lille haben wir gedreht, also eineinhalb
Stunden von Paris, das ist wirklich ein grauer, trister Ort. Ich hatte nur sieben
Drehtage, musste aber drei Wochen da rumhängen. Ich bin so depressiv geworden. Ich war so eine lolitamäßige Freundin – also überhaupt nicht typbesetzt! –*

63

von einem alternden ›Womanizer‹. Der war bestimmt 25 Jahre älter als ich. Das Dumme war auch, ich habe zum Beispiel die Maskenbildner nicht verstanden, weil die nicht englisch sprachen oder sich weigerten, englisch zu sprechen. Ich hatte Heimweh, habe immer geheult, Hans-Christian angerufen und meine Eltern.«

REGIEDEBÜT »EASY DAY«

Für bessere Stimmung sorgte der Kurzfilm von Hans Horn, damals Regiestudent an der Münchener Hochschule für Film und Fernsehen (HFF).

»Bei diesen kleinen Sachen lernt man eigentlich am meisten. Vor allem bei Hochschulfilmen ist das ganze ›Hintergrundgefüge‹ eines Films auch für den Schauspieler durchschaubarer, weil alles noch nicht so professionell ist. Bei Problemen diskutieren alle mit, und alle packen mit an«, erklärt Franka aus heutiger Sicht. *»Ich habe das mit dem Stefan Becker zusammen gemacht, mein bester Freund damals.«* Der musste in dem mystischen Schocker in eiskaltem Gebirgsbachwasser baden und eine Nacktszene mit Franka meistern: *»Du darfst aber nicht gucken!«*, bekam er damals zu hören ... Bekannter als der Film dürfte das Titellied von den Bananafishbones sein. Sebastian Horn, der Sänger der Band und Bruder des Regisseurs, spielt sogar eine kleine Rolle. Von Franka war die Band so angetan, dass sie zwei Jahre später den »Easy Day«-Song noch mal mit ihr zusammen aufnahmen:

»Meine erste musikalische Erfahrung! Wir haben sogar ein Musikvideo gemacht. Ich fand das Lied gut und die Jungs. Mich hat das schon fasziniert, dieses Rocksängertum.«

Frühjahr 1997: Franka in New York

»OPERNBALL«

1997, nach einem Jahr Öffentlichkeit, erklärte Franka dem Deutschen Fernsehdienst ihr Credo: »*Schauspielerei ist für mich nicht nur ein Beruf, sondern Passion – das, was es mir möglich macht, glücklich zu leben.*«

In dem Fernseh-Zweiteiler »Opernball« konnte sie das nun sehr monumental ausleben. Mit Lippenstift, gestutzten Haaren und schwarzem Ballkleid reihte sich Franka in das Mammut-Ensemble von Regisseur Urs Egger ein: 90 Sprechrollen und 500 Komparsen ließen nicht nur den Wiener Opernball lebendig werden, sondern auch die etwas diffuse Rahmenhandlung um fanatische Terroristen, die einen Massenmord begehen.

Franka überzeugte jedenfalls in der Rolle der Journalistin Gabrielle: Sie gewinnt 1998 den Bayerischen Fernsehpreis und wird einem breiten TV-Publikum bekannt. Auf die Zusammenarbeit mit Filmpartner Heiner Lauterbach angesprochen, erklärte sie damals:

»*Er ist sehr höflich und charmant. Aber er ist zwanzig Jahre älter als ich, und deshalb hatten wir eine eher distanzierte Beziehung. Mit gleichaltrigen Kollegen bin ich in den Drehpausen Billard spielen gegangen, mit Heiner nicht*« (»BamS«, 5.4.1998). In einem Sat.1-Interview spricht sie dann noch über ihre beruflichen Pläne für 1998: »*Im Sommer kommt der Film ›Lola rennt‹ von Tom Tykwer in die Kinos. Auf diesen Film bin ich sehr stolz und kann die Premiere kaum erwarten.*«

»Opernball«-Dreharbeiten
in Wien, Sommer 1997

Oben: Franka mit Heiner Lauterbach und »Opernball«-Regisseur Urs Egger
Unten: »*Mit gleichaltrigen Kollegen bin ich in den Drehpausen Billard spielen gegangen.*«

66

Fotograf Oliver Wia porträtierte Franka im Herbst 1996 am Set von »Easy Day«

Franka mit Filmpartner Stefan Becker: *»Mein bester Freund damals.«*

»Bei diesen kleinen Sachen lernt man eigentlich am meisten.«

Franka mit »Easy Day«-Regisseur Hans Horn (unten)

71

LOLA RENNT

Franka wird Filmstar

»Ich helf dir. Du bewegst dich nicht vom Fleck.
Ich bin in zwanzig Minuten da. Kapiert?«
Lola

1998 sollte zum Franka-Jahr werden. Der im Sommer 1997 gedrehte Film »Lola rennt« stürmte die Kinocharts – allein 2,2 Millionen Zuschauer sahen Franka mit roten Haaren in Deutschland. Das Filmfestival Venedig war die Zäsur zur Starwerdung. Damals in Italien wurde Franka klar, dass sich ihr Leben entscheidend geändert hatte ...

ES IST GESCHEHEN!

Filmkritik zum Kinostart (20.8.1998)

Was Tom Tykwer mit seinen Filmen »Die tödliche Maria« und »Winterschläfer« sowie dem (Co-)Drehbuch von »Das Leben ist eine Baustelle« versprochen hat, löst er nun mit »Lola rennt« ein: Stilistische Experimentierfreude verbindet er mit lebensnahen Charakteren in einer Geschichte, die zwar auch das Leben schreiben könnte, die aber so nur im Kino erzählt werden kann. Das ist Klasse für die Masse. Lolas Freund Manni (Moritz Bleibtreu) braucht nämlich innerhalb von zwanzig Minuten 100.000 Mark. Und Lola rennt, quer durch Berlin auf der Suche nach Geld und einem Happy End. Tykwers Film rennt mit, atemlos, adrenalintreibend. Nebenbei bleibt er seiner Vorliebe für scharf skizzierte familiäre Krisensituationen treu, ohne aus dem Rhythmus zu stolpern.

Die geradlinige Erzählstruktur, auch das typisch Tykwer, franst währenddessen an den Seiten aus. Immer wieder gibt es kleine Exkurse, die den Blick auf Statisten lenken und andeuten, wie deren Schicksal zufällig von der rennenden, rempelnden Lola (Franka Potente) beeinflusst wird. Chaostheoretiker Tykwer erzeugt ein vitales, leidenschaftliches Lebensgefühl – Ansteckungsgefahr inklusive. Es wäre recht und billig, »Lola rennt« mit Superlativen zu belegen. Stattdessen sei nur erleichtert, doch mit Hochspannung im Bauch festgestellt: Ein Film kann immer noch eine Droge sein. Und nun: Rennt ins Kino!!!!!

Ralf Krämer (erschienen in »Kultur!News«, 8/1998)

»Ich helf' dir. Du bewegst dich nicht vom Fleck.«

Der Ursprung dieses Buchs: Ein Interview mit Franka Potente in den »Kultur!News«

LOLA RENNT, FRANKA SPRICHT

**Franka Potente ist Lola. Ein Interview über Film,
Fun und Verantwortung. Interview zum Kinostart, Hotel Atlantic,
Hamburg, den 30. Juni 1998**

Warum sind denn die roten Haare wieder weg ...?

Franka Potente: Weil ich nach »Lola rennt« mit Doris Dörrie gedreht habe. Das war ganz was anderes, nicht so extrem. Ich hätt's gerne behalten, ich fand es ganz gut.

Du siehst so erwachsen aus. Ich habe eigentlich einen Teeny erwartet ...

Bist du enttäuscht? Um Gottes Willen! *(lacht schallend)*

Jetzt müssen wir uns ja über ernste Dinge unterhalten.

Wir können uns auch ganz unernst unterhalten!

Na gut. Hast du schon mal die Bank deines Vaters ausgeraubt wie Lola im Film?

Ich kenne diesen Druck, dass man für seine Liebe etwas tun will. Mit 17 war ich mit einem Amerikaner zusammen, der eben auch in Amerika gewohnt hat. Ich habe fünf Jobs gleichzeitig gehabt, weil ich die Telefonrechnung selber zahlen musste. Das schlimmste waren mal 500 Mark. Das war so wahnsinnig viel damals, ich wusste gar nicht, wie ich das aufbringen könnte. Das war vielleicht ein bisschen ähnlich – genau wie damals, als mein Bruder von Skinheads gejagt wurde. Meine Eltern waren an dem Abend nicht da, und mein Bruder stand plötzlich um Mitternacht total verdreckt vor der Tür. Ich hab' den gepackt, bin ins Auto meines Vaters gesprungen und zu diesem Jugendzentrum gefahren. Das war so eine Reaktion, wie sie Lola hatte: Ich fahr' jetzt dahin, und ich weiß nicht, was ich tue, aber ich muss irgendwas machen!

Es ist aber nichts weiter passiert ...?

Ich habe die zu ihrem Glück nicht
gefunden. Ich hatte das Gefühl,
wenn ich die jetzt treffe, kann ich
plötzlich Karate und hab' über-
menschliche Kräfte.

Wie Lola, als sie um Mannis Leben
rennt, nachdem er ihr am Telefon
erklärt hat, er würde in 20 Minu-
ten tot sein, wenn er nicht 100.000
Mark bekommt.

Ja, so stell' ich mir das bei mir auch
vor, wenn ich so einen Anruf kriegen würde. O Gott, da fängt das
Blut im Kopf an zu pulsieren, du
musst irgendwas tun. Wenn ich jetzt nichts mache, dann stirbt der.

Wie bist du mit deinem Comic-Pendant ausgekommen? Einige Zwischenszenen
sind ja als Zeichentrick eingefügt.

Die sieht ja nicht genauso aus wie ich ... Als Übergang finde ich die Comicse-
quenzen sehr gut. Vor allem ist das ja ein Film über cineastische Mittel. Ich finde,
das ist ein gutes stilistisches Mittel, um diese Brüche, diese Übergänge zu
erzählen. Letztendlich erzählen wir ja ein Modell. Das ist ja wie eine Versuchs-
anordnung, was da passiert. Ich finde, dass das sehr gut ins Konzept hereinpasst.

Fühlt man sich nicht zurückgesetzt als Schauspielerin bei so vielen filmischen
Mitteln?

Nee, gar nicht. Ich hätte mich zurückgesetzt gefühlt, wenn ich mich nur nach
Technik hätte richten müssen. Aber das ist bei Tom nicht so. Weil er schon seit
einiger Zeit so arbeitet, ist es eher so, dass sich die Technik nach den Schauspielern richtet.

Zum »Winterschläfer« sagte Tom Tykwer (33) über seine Generation: »Wir sind eine Horde Totalindividualisten.« Gilt das auch für die 24-Jährigen wie dich und mich?

Ich glaube, wir sind nicht so. Wir sind eben voll in der Kohl-Ära aufgewachsen. Wir wissen nicht, wofür oder wogegen wir sein sollen. Es grassiert so dieses »Ey, ich will einfach Spaß haben!« Was auch toll ist, gutes Motto – aber das kann ja nicht alles sein.

Lola ist da eine Ausnahme. Ich war bei einem Screening dabei. Durch die Publikumsreaktion wurde mir klar, die wurde als Heldin gesehen! Das kann nur deshalb passieren, weil man das heute so ungewöhnlich findet, dass jemand ganz klar und konsequent zu seiner Entscheidung steht und von einer Minute auf die andere sagt: »Ich mach' das jetzt, koste es, was es wolle! Und wenn sich mein ganzes Leben verändert.« Und ich glaube, das ist eine Haltung, die in unserer Generation sehr selten geworden ist.

Unsere Generation ist also phlegmatisch. Wo siehst du die Ursachen?

Wir gehören zu einer Generation, die ziemlich viel in den Arsch gesteckt kriegt. Man hat diesen Druck gar nicht mehr, sich selber auf die Beine zu stellen. Das ist sicher auch ein Stück weit Erziehung von einer anderen Generation, die es sich schön gemacht hat in ihrem Leben und es für uns noch besser machen wollte. Ich selbst fühl' mich gar nicht so phlegmatisch, aber ich bin natürlich auch in eine glückliche Situation hineinkatapultiert worden, dass ich einen guten Job mache, der sehr viel mit mir zu tun hat.

Zu den Twens zählen heutzutage ja auch nicht wenig Neonazis.

Ich glaube immer daran: Wenn irgendeine extreme Welle droht, gibt es auch eine Gegenwelle. In Berlin spürt man schon, gerade bei der Nähe zu den DVU-Wählern, dass die Leute darüber reden und dass denen das nicht gefällt. Es formiert sich eine Meinung, die sagt: »Wir werden da nicht zuschauen, dass solche Dumpfköpfe vorhaben, unser Land zu regieren!«

Interview: Klaus Rathje (erschienen in »Kultur!News«, 8/1998)

»NUR NOCH DIE WELLENLÄNGE ÜBERPRÜFEN«

Ballade von Tom und Franka

Der Wunsch, mit dem anderen zu arbeiten, entwickelte sich unabhängig voneinander. Franka sah »Die tödliche Maria« (Tykwers erster Kinofilm) im Fernsehen und dachte *»Was für ein Wahnsinnsfilm! Und dann habe ich Tom geschrieben, dass ich seine Arbeit toll fand und warum und dass ich das auch machen möchte.«* Tykwers Entscheidung, Franka für »Lola rennt« zu engagieren, hat das, wie er damals schon betonte, überhaupt nicht beeinflusst. Auf den Hofer Filmtagen 1996 hatte er sie in »Nach fünf im Urwald« gesehen: *»Ich fand, dass sie so etwas Direktes und Entschlossenes ausstrahlen kann. Franka hat was Normales, Menschliches, das jeder kennt. Und gleichzeitig kann sie total durchknallen, fast Amok laufen. Ich hatte Lust, das aus ihr herauszuholen«* (»Max« 9/98). Die erste Begegnung zwischen Franka und Tom fand 1997 in einem Berliner Café statt: *»Es ging darum, das öffentliche Bild einer Person persönlich zu überprüfen, weil das oft auseinanderklafft«,* erklärt Tykwer rückblickend, *»hätte ja sein können, dass ich sie total unausstehlich unsympathisch finde ... Der Grund des Treffens war zu gucken, ob man im Gespräch auf einer ähnlichen Wellenlänge ist. Aber schon nach zehn Minuten war alles klar. Wir waren sofort einig über unsere Lieblingsfilme, und über Dinge, auf die es ankommt. Bei manchen bist du dir sicher von ihren Möglichkeiten her, da musst du nur noch die Wellenlänge überprüfen, dann ist das Casting beendet. So war's auch.«*

Damals ahnten die beiden noch nichts von der weltweiten »Lola rennt«-Erfolgsgeschichte. Bis zum Kinostart im August 1998 machte sich das nach den Dreharbeiten Paar-gewordene Gespann Tykwer-Potente noch ganz andere Gedanken: *»Uns war ganz lange nicht klar, was aus dem Film werden würde«,* erinnert sich Franka heute, *»oder wie Tom immer sagte: Das kann auch zu abstrakt oder zu philosophisch geraten sein.«*

War aber nicht so. In Deutschland entwickelte sich »Lola rennt« zum erfolgreichsten Film des Kinojahres 1998, bis heute haben ihn hierzulande 2,2 Millionen Zuschauer gesehen.

Nicht nur Frankas Leben machte nun einen gewaltigen Satz nach oben, mit »Lola rennt« wurde auch ein *»neues Kapitel deutscher Filmgeschichte«* aufgeschlagen, befand die »Süddeutsche Zeitung«: Franka Potente brächte *»jenen Hauch von Jugendlichkeit und Wirklichkeit ins deutsche Kino, den man so lange*

Oben: *»Wir haben alle mal 'nen schlechten Tag!«*: Wachmann Schuster (Armin Rohde) zu Lola
Unten: Lola setzt Himmel und Hölle in Bewegung, um 100.000 Mark für Manni (= money?) zu beschaffen ...

vermisst hat«. Die »Zeit« ernannte Franka gleich zum »*Mädchenwunder«,* für die »Bunte« war sie der neue »*Kultstar des deutschen Kinos«.*

Christine Kruttschnitt charakterisierte Franka etwas ausführlicher: »*Sie ist kein Model und kein Mädel von nebenan. Keine Diva, keine Lolita. Sie ist keine über-wältigende Schönheit und keine deutsche Meryl Streep. Keines der Label, mit denen ihre Kolleginnen Erfolge feiern, bleibt an ihr kleben. Aber all diese Ver-neinungen addiert Franka Potente zu einer strahlenden, bejahenden Energie, die sie im richtigen Moment unwiderstehlich macht. Und wie sie dann rennt da oben auf der Leinwand, ist sie gleichzeitig verführerisch und verschwitzt, naiv und gla-mourös, rebellisch und rührend und so völlig, so völlig normal, dass man sich an ihrer Natürlichkeit freut wie an einem Apfel nach viel zu viel überkandideltem Süßkram«* (»Stern« 35/98).

Auf ihren Ruhm angesprochen antwortete Franka damals: »*Das größte Problem könnte sein, dass Menschen um mich herum hysterisch werden, weil sie denken, ich würde abheben.«* Schließlich hätte sie oft »*das Gefühl, dass Außenstehende meinen Ruhm stärker empfinden als ich selbst«* (»Bunte«, 39/98).

»Alles auf Rot!«

Und der entwickelte sich ganz beachtlich: Neben Frankreich, England, Dänemark und den Niederlanden startete »Lola rennt« u.a. auch in Brasilien, Hongkong, Australien, Südafrika und Singapur... Allein in den USA spielte »Run Lola Run« gute sieben Millionen Dollar ein.

Den eigentlichen Kick erlebte Franka Potente allerdings in Italien. Im September '98, zwei Wochen nach dem deutschen Kinostart, reiste das Team von Tykwers Produktionsfirma »X Filme Creative Pool« mit Franka zum Filmfestival in Venedig (Biennale). Neben »Bin ich schön?« nahm »Lola rennt« als zweiter deutscher Beitrag am offiziellen Wettbewerb um den Goldenen Löwen teil. *»Obwohl der Film nichts gewonnen hat, war Lola der geheime Renner des Festivals«*, erinnert sich Franka drei Jahre später, *»Unser Screening war direkt nach ›Saving Private Ryan‹ (›Der Soldat James Ryan‹), es wurde ein roter Teppich aufgebaut vor dem Festivalgebäude, und erst ging Spielberg mit 80 Mann Entourage über den Teppich – und danach gingen wir ... Da war ein Menschenauflauf. Wahnsinn! Die waren natürlich wegen Spielberg und Tom Hanks gekommen und nicht wegen uns, aber die sind natürlich stehen geblieben. Ein paar Deutsche riefen ›Franka! Franka!‹ Und wir hingen da so rum zwischen Spielberg und Tom Hanks. Total crazy!«*

Das Spektakel war perfekt: Luxushotel, jede Menge Fotoshootings und hunderte neue Fans, die Franka am liebsten anfassen wollten: *»Die Italiener sind natürlich gleich solidarisch, wenn sie Frranka Potäntää hören.«*

IM LAUF DER ZEIT

Tom dreht, Franka rennt

»Die Arbeit mit Tom, die ganzen Dreharbeiten überhaupt waren das Beste, was mir passiert ist. Selten hat man das Gefühl, dass alle dasselbe wollen und bereit sind, bis ans Limit dafür zu arbeiten.«

Franka in der »Faz«, 5.11.1999

Eine stets laufende Hauptdarstellerin kann ein Filmteam schon mal an die Grenzen des Machbaren führen. Denn während Franka Potente im Sommer '97 über Berliner Bürgersteige rannte, mussten Kameramann und Toncrew ebenfalls im Galopp durch die Hauptstadt eilen. Dass dafür nicht ganz Berlin-Mitte mit Schienen ausgelegt werden musste, verdankt die Metropole ausgerechnet dem Golf-sport: »*Zuerst wollten wir vom Fahrrad aus drehen*«, erinnert sich Kameramann Frank Griebe, »*aber es dauert, bis man damit das Tempo von jemandem hat, der rennt. Also ist alles vom Auto gedreht oder von einer Art Motorrad, das vier große Reifen hat. Dieses komische Teil haben wir zufällig auf einem Golfplatz entdeckt. Wir haben einen Sitz installiert, und ich habe von da aus mit der Kamera auf der Schulter ganz viel gedreht. Man ist beweglich, man kann unter den Torbögen, der Oberbaumbrücke herfahren, und man ist schnell. Das Ding fährt wie ein Motor-rad bis 130 km/h.*«

Was für Griebe ganz bequem gewesen sein mag, sollte Tonmann Frank Behnke etwas mehr abverlangen: »*In meinem Bemühen, auf jeden Fall optimalen O-Ton zu erhalten, saß ich im engen Kameraauto, mit Tonbandgerät um den Hals und einer langen ›Angel‹, dem Stab, der das Mikrophon hält. Erst fuhr der Wagen los, und dann startete die schnelle Franka durch, bis wir auf einer Höhe rannten und fuhren. Nun musste ich mit der Angel weitestmöglich vom Motorgeräusch unse-res Kameraautos wegbleiben und gleichzeitig so nah wie möglich an Franka dran-sein, ohne mit der Angel ins Bild zu kommen. Ich hatte also mit einem sich stark*

Manni (Moritz Bleibtreu) gets his gun

biegenden Teil zu tun und musste dabei noch gegen den Wind ankämpfen, der durch das schnelle Fahren entstand. Zusätzlich zu ihrem Atmen auf dem einen Kanal sollte der realistische Hall ihrer Schritte auf dem anderen Kanal gebannt werden. Nun sah das aber so aus, dass ich, feststehend in dem Auto mit diesem langen Teil, immer den Bäumen am Straßenrand ausweichen musste. Meine Angel ging also immer rauf und runter, wie die eines erfolglosen Fischers, dessen Haken sich in der eigenen Hose verfangen hat. Das Ergebnis war natürlich unbefriedigend, und ich ließ es dann sein. Es muss für Außenstehende jedenfalls sehr belustigend ausgesehen haben ...«

Franka bekam nun eine Menge Experimentierwut der Toncrew am eigenen Leibe zu spüren: *»Ob ich das kabellose Mikro nun am Schuh, am Knöchel, oder an der Wade anbrachte:*

Es brachte keinen schönen Original-Rennton!« erklärt Behnke, *»bei der Wadenvariante hatte ich noch mit dem Draht eines Sektflaschenverschlusses ein Gestell gebastelt, was das Mikro vor dem Rascheln des Hosenbeines schützen sollte.«* Doch es half nichts: *»Wenn Franka losrannte, war sie innerhalb von Sekunden aus dem Radius des Empfängers gerannt, und ich durfte ihre Schritte nur mit technischen Aussetzern genießen.«*

»Pass auf, die ist nicht entsichert, glaub' ich.«

Doch damit nicht genug: *»Da fiel mir auf, dass das wohl am deutlichsten für jedermann akustisch Nachvollziehbarste beim Rennen das Geräusch ist, was man selbst produzieren muss: das Atmen! So verkabelte ich Franka mit einem Mikro im T-Shirt! Das Ergebnis war nicht schlecht, aber oft gab es Situationen, wo sie im Affekt so stark rannte und auftrat, dass die Körpererschütterungen sich aufs Mikrophon übertrugen und nur ein Bummern zu hören war. In solchen Momenten gehört es zur großen Klasse und Professionalität eines Schauspielers, nach dem anstrengenden Lauf dem Tonteam noch zur Verfügung zu stehen und noch mal im Stand zu laufen, um ein besser kontrolliertes Atmen aufnehmen zu können!«*

Für die Töne, die ohne Bild aufgenommen wurden, engagierte X-Filme sogar ein Renndouble: *»Die Arme durfte dann vor dem eigentlichen Take für die Kamerakadrage rennen und nach dem Take für mich, um der Cutterin die Möglichkeit zu geben mit sogenannten ›Off-Schritten‹ das Rennen nachzuvertonen, was vor Ort halt immer realer klingt als aus dem CD-Archiv. Der Schreck im Kino war groß, als dann kaum ein Schritt ihres Rennens genommen wurde – allerdings auch logisch und verständlich: Aus dramaturgischen Gründen, war da die Filmmusik viel angebrachter!«*

»... der Sommer '98 wird fortan der Sommer sein, in dem Lola rannte. Als in Deutschland etwas – endlich – geschah.« Helmut Krausser

ROTE SZENEN, ROTE HAARE

Die ganz in Rot gehaltenen »Bettszenen«, die als Brücken dienen zwischen den drei 20-minütigen Filmvarianten, gehören zu den Lieblingsszenen von Kameramann Frank Griebe: *»Sie bringen eine Ernsthaftigkeit in den Film. In erster Linie war das Schauspielerarbeit mit geringem technischen Aufwand. Wir haben im Zimmer einer angemieteten Wohnung gedreht. Die Kamera stand direkt drüber, wir haben senkrecht runtergeschaut. Die einzige Lichtquelle stand, mit roter Folie davor, auf der linken Seite. Außer Franka und Moritz waren noch fünf Leute vor Ort. Das sollte ja auch intim sein. Unterbewusst spüren das die Schauspieler, und es erleichtert die Konzentration.«*

Das Rot der Lola-Haare durfte übrigens sechs Wochen nicht angerührt, sprich: gewaschen werden. *»Als die letzte Klappe gefallen ist,«* erzählte Franka damals in einem Gala-Porträt, *»habe ich mich sofort unter die Dusche gestellt, und die Lola ist mit der roten Farbe quasi aus mir rausgeflossen. Meine ganze Persönlichkeit hat sich an den Haaren festgemacht. Jeden Morgen habe ich im Spiegel die Lola gesehen und nicht die Franka. Plötzlich kam ich unter der Dusche wieder zum Vorschein. Und ich wusste, jetzt ist es mit Lola vorbei. Ich muss mich von dem Filmteam verabschieden, das für mich eine Familie geworden ist. Das war auch sehr traurig.«*

»ICH BIN PLÖTZLICH IN EINE ANDERE WELT GEBEAMT WORDEN.«

Interview mit Franka Potente, Berlin-Kreuzberg, den 6. März 2001

Wann hast du zum ersten Mal gemerkt, dass du mit »Lola rennt« berühmt wirst, dass sich etwas Entscheidendes in deinem Leben ändert?

Franka Potente: Es gab so ein geheimes Screening beim Filmfest München. Wegen Venedig durfte das nicht offiziell angekündigt werden. Die Leute waren total heiß drauf. Das war wie ein supergeiles Fußballspiel. Ich weiß noch, dass diese Energiekurve sich immer mehr hochschraubte. Die Leute haben geschrien und fanden den Film einfach supertoll. Superstimmung. Und da ist einem schon so'n bisschen unheimlich geworden, da dachte man, oh Gott, wenn das schon hier so eine bombastische Stimmung ist, dann ist es ja wohl echt klasse.

Dann kam als nächstes Venedig. Ich hab noch nie so eine Erfahrung mit Presse gemacht wie da. Der Run war wirklich unglaublich. Dass Leute, die aus einem anderen Land kommen, so wahnsinnig euphorisch dir gegenüber sind – die sind mir wirklich hinterhergerannt. Der Tom ist mit ausgebreiteten Armen vor mir hergegangen, weil die mich alle anfassen wollten. Ich kam mir vor wie so ein Michael Jackson! Einmal standen wir vor 500 Fotografen, du wurdest so geblendet – das habe ich noch nie in so einer Konzentration erlebt! Dann fing das alles an, dass ich Klamotten gekriegt habe von »Rena Lange«. Ich bin da in Sachen zum Screening gegangen, zu einem Preis, wo du dir einen Kleinwagen von kaufen kannst. Plötzlich wurde man von allen Seiten überschüttet.

An das Materielle musstest du dich wahrscheinlich erst mal gewöhnen?

Ja, nach »Lola rennt« hab' ich gedacht, boa, ich bin jetzt echt reich. Gemessen an den 800 Mark, von denen ich an der Schauspielschule im Monat leben musste. Und das bei der Miete in München. Also, ich hatte nichts. Du musstest alles

Tom Tykwer (r.) und Frank Griebe (l., sitzend) mit Kameragefährt

Wer hören will, muss hungern: Frank Behnke und Tom Tykwer checken den O-Ton

dreimal umdrehen. Venedig war da schon ein einschneidendes Erlebnis. Da habe ich lange dran zu knapsen gehabt. Als wenn du ein Straßenkind nimmst und das in den Palast vom Sultan von Brunei setzt. Wir waren in Venedig in einem mega-luxuriösen Hotel untergebracht – allein die Minibar! Und die Karte vom Room-service: Oh Gott, dachte ich, das verdien' ich am Tag, was ein Essen hier kostet. Der Flieger war viel, viel zu spät. Es war dann so, dass wir im Hotel 15 Minu-ten Zeit hatten – wir haben uns zu fünft einfach umgezogen in einem Raum – und dann war schon diese Galaeröffnung. Von daher bin ich da so von einer Sekunde auf die andere reingepurzelt. Das war, während ich »Schlaraffenland« gedreht habe. Ich bin plötzlich in eine andere Welt gebeamt worden. Das war sehr extrem.

Kannst du dich an dein Lebensgefühl erinnern, in der Zeit zwischen dem »Lola rennt«-Dreh im Sommer 1997 und dem Kinostart im August 1998?

Da waren eigentlich alle möglichen anderen Sachen wichtig. Ich habe mich von meinem damaligen Freund getrennt, bin aus einer gemeinsamen Wohnung mehr oder weniger Hals über Kopf nach Berlin gezogen. Dann gab' s eine neue Bezie-hung mit Tom. Das hat mich alles unheimlich beschäftigt. Das ist zu abstrakt, man hat ja nie so ein Bewusstsein: »Oh Gott, oh Gott – das alles könnte jetzt kommen«. Die Leute in meinem Umfeld haben damals auch nie gesagt, »Boa, zieh' dich mal warm an, was da bald losgeht ...« Die Amerikaner sind viel mehr so. Die sagen: »You'll be a star.« Ich sag' dann: »Weißt du was, wir warten erst mal ab, was passiert.« Was soll ich mich jetzt verrückt machen, wir werden dann sehen, was dann ist. Ich war mit der Arbeit auch wahnsinnig glücklich. Das war für mich ein Glücksjahr, dass ich direkt nach »Lola rennt« »Bin ich schön?« machen durfte. Die Linda in »Bin ich schön?« ist nach wie vor eine der wich-tigsten Rollen von mir. Ich dachte damals, »Das sind zwei richtig gute Regis-seure.« Und dass ich so schnell mit denen arbeiten konnte, hat mich total glück-lich gemacht. Ich bin dann auch wählerischer geworden, weil ich gemerkt habe: Ich will nur noch so arbeiten. Das war mir dann schon so bewusst. Das Lebens-gefühl bestand darin, dass ich froh darüber war.

Du hattest also keine Angst vor dem, was kommt, weil du wusstest, du machst das Richtige?

Ja. Man ist ja dann auch ständig so okkupiert. Während du Interviews gibst für das eine, drehst du gerade das andere. Ich bin nie ein Typ gewesen von Spekulationen. Letztendlich hängt das davon ab, wie's einem gerade geht. Wenn es im privaten Bereich irgendwas gibt, was mich unglücklich machen würde, dann ist mir das egal, was gerade in der Arbeit passiert. Vor dem Kinostart von »Lola rennt« ging's mir wieder richtig gut. Ich war stark, ich war froh in Berlin zu sein, und alles war gerade eh gut. Da hab' ich mich wie Hans im Glück gefühlt. Die ganze Promotion für »Lola rennt« war schon hart. Moritz hat damals in Tadschikistan gedreht, und ich habe eigentlich diese ganze Promotion komplett alleine gestemmt. Ich bin manchmal an einem Tag in zwei Städte geflogen, nur um das alles abzuarbeiten. Morgens zu den Morgenmagazinen nach Köln, dann weiter nach Hamburg, abends zurück nach Berlin. Das hat schon alles auch Spaß gemacht. Das war die erste riesige Pressetour, die vor allem mit mir zu tun hatte.

Das schmeichelte doch sicherlich?

Ach, das ist einem in dem Moment nicht so klar. Du denkst schon manchmal, verdammt noch mal kann mir jemand anders auch mal ein bisschen Arbeit abneh-

Die deutschen Publikumspreisträger der Jahre 1999 bis 2001: Franka und Moritz Bleibtreu

»Lola rennt«-Videocover aus Weißrussland

men. Da lernt man einfach viel. Du merkst halt: »Aha, für Fotos sind erst mal die Frauen interessanter.« Wenn ich dann Interviews mit Tom zusammen hatte, merkst du: »Aha, Schauspieler werden immer die oberflächlichen Sachen gefragt, die Regisseure kriegen immer die Feuilleton-Fragen.«

Ich habe gelernt, was Leute von einem wollen, wie sie einen sehen und was sie gern hätten, was man sagt. Ich habe Diplomatie gelernt, eigene Vorschläge einzubringen. Ich habe gelernt, sanft aber bestimmt meinen Kopf durchzusetzen, die Leute aber gleichzeitig nicht zu vergrätzen. Das ist das Wichtigste. Das muss man wirklich lernen, das kann man nicht gleich so.

Ärgerst du dich über bestimmte Äußerungen im Nachhinein? Hast du der Presse gegenüber zu viel Preis gegeben?

Je berühmter du wirst, um so mehr wollen Leute andere Sachen wissen und um so mehr haben sie das Gefühl, ach haben wir doch alles schon mal gehört. Wo man dann einfach mal sagen muss: Ja, aber ich habe mich da auch nicht geändert. Ich kann dir nichts anderes präsentieren, weil ich das immer noch so fühle. Menschen ändern sich ja nicht so schnell. Es gibt bestimmte Parameter, auch moralisch, die man für sich beibehält. Ich glaube, dass viele Leute, auch Journalisten, glauben, nur weil sich aus deren Sicht das öffentliche Leben so krass verändert, weil man plötzlich Karriere gemacht hat, dass man dann ein komplett anderer Mensch ist. Weil das vielen Leuten auch passiert, aber ich glaube nicht, dass mir das so schlimm passiert ist. Ich habe nie das Gefühl gehabt, total missverstanden worden zu sein. So eine Grauzone musst du immer einrechnen. Du musst eine gewisse Illusion ja auch lassen.

Interview: Klaus Rathje

Oben: »*Aber schön Papis Kohle absahnen, das gefällt euch, was?*«
Unten: Franka und Filmvater Herbert Knaup bei Probeaufnahmen

Oben: *»Bist du gerannt?«*
Unten: Probeaufnahmen mit falschen Haaren

Der Plastiktüten-Millionär: Joachim Król am Set

Oben: *»Manche Filme trotzen den angeblichen Gesetzen des Erzählens und des Marktes und sind trotzdem mitreißend und klug, emotional und intelligent. Machen wir doch mal so einen.«* Tom Tykwer an sein Team, einen Monat vor Drehbeginn

Unten: Filmemachen ist eine Frage des Timings ...

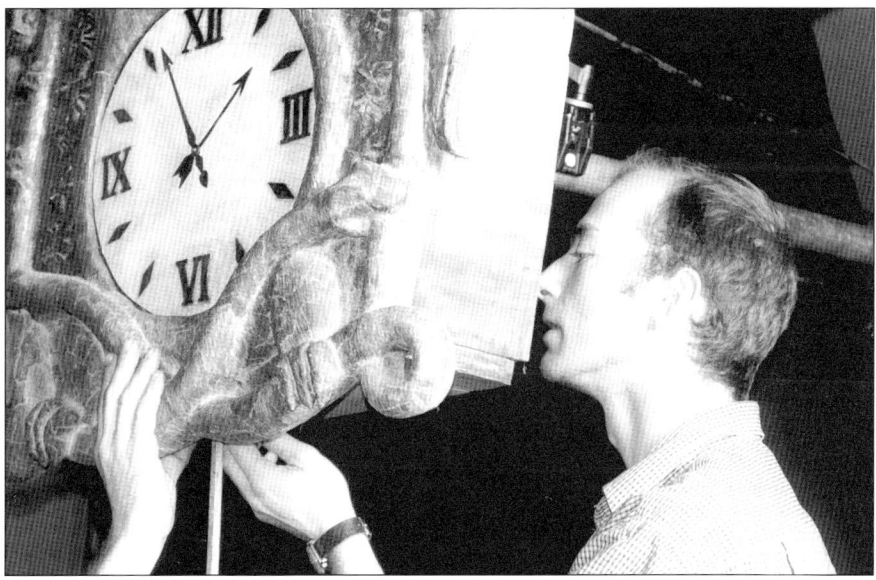

My home is my Handtasche: Linda (Franka) versucht ein neues Leben.
Werner (Gustav-Peter Wöhler) schaut hinterher (Szene aus: »Bin ich schön?«)

Franka Potente im »Rena Lange«-Dress in Venedig 1998: *»Ich bin plötzlich in eine andere Welt gebeamt worden.«*

Sieger des Abends: Beim Deutschen Filmpreis 1999 gewinnt Franka Potente (in einem Kleid von »Rena Lange«) den Publikumspreis, Tom Tykwer wird als bester Regisseur ausgezeichnet

Ali Kepenek porträtiert Franka bereits seit 1997 regelmäßig, zuletzt auch für diverse US-Magazine. Geboren 1968 in der Türkei, lebt er seit seinem vierten Lebensjahr in Deutschland. Heute arbeitet Kepenek von den Metropolen Berlin und London aus für Zeitschriften wie »Marie Claire« und »Vogue« (People, Mode und Kunst)   *www.alikepenek.com*

»Ich meide Orte, die offensichtlich sind, bestimmte Bars, Szenekneipen, Gourmet-Tempel, in die man manchmal halt gehen muss, aber da würde ich privat nicht hingehen.«

Foto: Ali Kepenek

»Natürlich mache ich alles Alltägliche und Banale. Ich habe gemerkt, dass die Leute gar nicht denken, dass ich so etwas täte und bleibe daher völlig unbehelligt.«

Foto: Ali Kepenek

»Man möchte und muss in vielem ›perfekt‹ sein, erstens weil es ein Stück weit von einem erwartet wird und weil man sich selbst den Druck macht, dass man alles so gut wie möglich machen will.«

Foto: Ali Kepenek

»Ich musste ziemlich schnell mit einem ›neuen‹ Leben klarkommen, mit allem, was das an Verantwortung und Erwartungen an dich so mit sich bringt.«

Foto: Ali Kepenek

Mit Tasse und Turnschuh, Kerzenlicht und Cowboyhut ließ Franka sich von Enriko Boettcher ablichten. Der Fotograf, Schauspieler und Regisseur (Jg. 1960) lernte Franka Potente bei den Dreharbeiten zu »Bin ich schön?« kennen. Er porträtierte Franka am Set in Spanien und wirkte in einer kleinen Nebenrolle mit. Später folgten weitere Film- und Foto-Begegnungen in Berlin und München. 1998, ein Jahr nach »Bin ich schön?«, drehte Boettcher den Kurzfilm »Winke & lächle« mit dem »Lola rennt«-Star.

www.nriko.com

»Viele Leute glauben, nur weil sich aus deren Sicht das öffentliche Leben so krass verändert, weil man plötzlich Karriere gemacht hat, dass man dann ein komplett anderer Mensch ist.«

Foto: Enriko Boettcher

»Man hat mir schon eine halbe Million Mark für einen Werbespot angeboten, und ich habe es nicht ge-
macht. Weder für Autos noch für Kreditkarten. Und natürlich hat auch schon der ›Playboy‹ angerufen. Ich
habe immer Nein gesagt.« (»Max«, 15/2001)   Foto: Enriko Boettcher

»Wenn es im privaten Bereich irgendwas gibt, was mich unglücklich macht, dann ist es mir egal, was gerade in der Arbeit passiert.«

Foto: Enriko Boettcher

»Manchmal merke ich an den Reaktionen, welchen Einfluss ich habe. Zum Beispiel haben sich viele nach ›Lola rennt‹ die Haare rot gefärbt. Das beziehe ich aber nicht auf mich persönlich. Lola ist eine Kultfigur. Ich bin mir bewusst, dass ich eine gewisse Macht besitze, aber es gruselt mich.« (»Der Tagesspiegel«, 7.10.2000)

Foto: Enriko Boettcher

»Ich hatte viel Glück, in meinem Leben ist irgendwie immer alles geflutscht. Die Schule, der erste Film, noch ein Film, dann ›Lola rennt‹, jetzt Amerika. Ich glaub's ja manchmal selbst kaum.« (»Stern«, 43/2000)

Foto: Enriko Boettcher

»I wish I was a heartbeat that never comes to rest« (Franka in »Wish«)

Foto: Enriko Boettcher

»Liebesbriefe bekommen doch nur Popstars.«

Foto: Enriko Boettcher

»Ich glaube, dass sich meine westfälische Mentalität am besten mit der berliner verträgt. Das hat mit der münchner nicht so funktioniert.« (Prisma 4/2000)

Foto: Enriko Boettcher

»Ich bin nun mal eine Rampensau. Das macht Schauspieler eben aus.« (Amica 2/2000)

Foto: Enriko Boettcher

»Später erzählen mir andere, das Interview sei doch ganz süß gewesen. Aber ›ganz süß‹ hört man eigentlich auch nicht so gerne.« (Cinema 11/99)

Foto: Enriko Boettcher

»Manchmal bringt es mir tierisch Spaß, Klingelstreiche zu machen.« (»Max«, 15/2001)

Foto: Enriko Boettcher

»Die Linda in ›Bin ich schön?‹ ist nach wie vor eine der wichtigsten Rollen von mir.«

Foto: Enriko Boettcher

»Ich freue mich auf alles, was noch kommt, denn ich habe noch überhaupt nicht das Gefühl, irgendwo an-
gekommen zu sein.« (»Frankfurter Allgemeine Zeitung«, 13.7.2001)

Foto: Enriko Boettcher

NACH FÜNF IM URWALD

Startschuss für eine Kinokarriere: Frankas Castingfotos für »Nach fünf im Urwald«

Oben: »Nach fünf im Urwald«: Anna hofft in München auf ihre große Chance
Unten: Filmvater Axel Milberg mit dem unvergesslichsten Rettich der Filmgeschichte ...

119

Oben: Anna unterwegs im Großstadtdschungel ...
Unten: »Warum darf man nach fünf nicht mehr in den Urwald gehen?«

Oben: Die Bilderbuchfamilie des Bürgermeisterkandidaten (Axel Milberg)
Unten: Franka als eines der drei Mädels von der Tankstelle

DIE DREI MÄDELS VON DER TANKSTELLE

Oben: Franka meets Wigald in »Die drei Mädels von der Tankstelle«
Unten: »Haben Sie noch nie mit 'ner Frau geschlafen?«

122

Oben: Auch mal zu zweit unterwegs: Tankstellenpächterinnen Lena (Franka) und Nick (Anya Hoffmann)
Unten: »Der schönste Hund im Ru-hu-del, das ist und bleibt der Pu-hu-del ...« (Ernst Kahl)

Oben: »*Ein Freund, ein guter Freund – das ist das Schönste, was es gibt auf der Welt ... «*
Unten: Tanken-Trio: Carol Campbell (l.), Anya Hoffmann und Franka Potente

Sportlerdrama »Rennlauf«: In dem österreichischen Fernsehfilm spielt Franka eine lesbische Skiläuferin

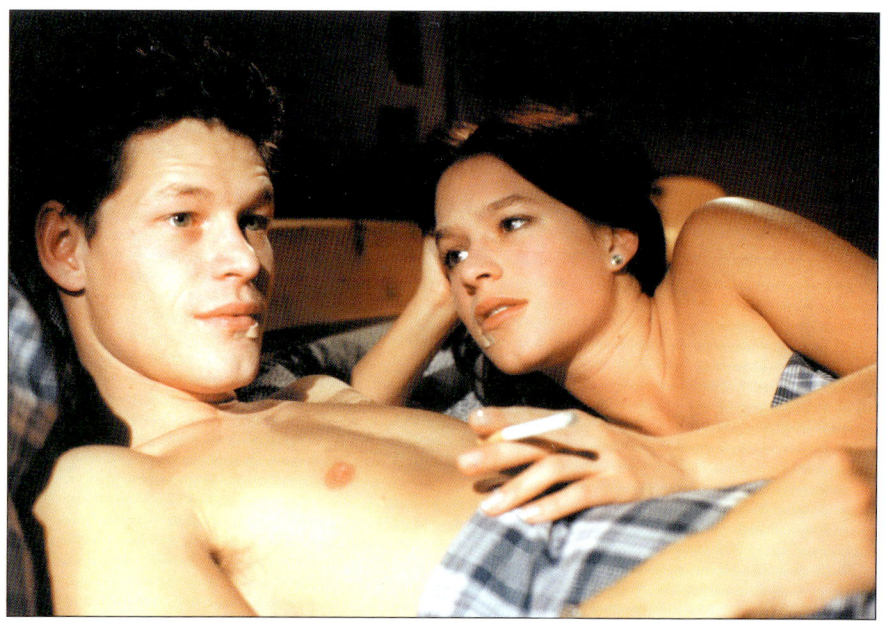

Oben: Die Zigarette danach – aber wonach? Eigentlich ist Lorenz (Steffen Wink) doch schwul. (»Coming in«)
Unten: »Lola rennt«

Oben: Lola schwitzt - Franka Potente legte täglich mehrere Kamerakilometer zurück
Unten: »Kind, du kannst doch mit so 'nem Ding gar nicht umge ...« WAMM!

Oben: Synchron-Lächeln - Regisseur Tom Tykwer und eine frisch gekalkte Franka hinter den Kulissen (noch sind sie kein Paar!) • Unten: Noch lächeln sie, aber vor der Kamera fliegen gleich wieder die Familien-fetzen - Franka mit Filmvater Herbert Knaup

Jeden Tag
Jede Sekunde
triffst Du
eine Entscheidung
die Dein Leben
verändern kann

Ein Film von Tom Tykwer

lolarennt

mit **FRANKA** POTENTE
MORITZ BLEIBTREU

»Ein neues Kapitel deutscher Filmgeschichte ...« (Süddeutsche Zeitung)

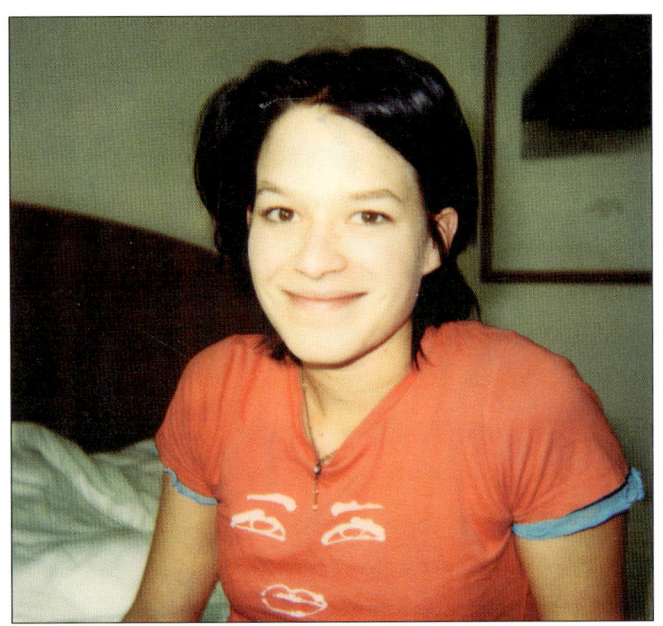

Aus Schwarz mach Rot: Frankas Haarfärbeprozedur für »Lola rennt«

Aus Schwarz mach Rot: Frankas Haarfärbeprozedur für »Lola rennt«

War alles nur ein Puppentrickfilm???

You'll never walk alone: Franka mit ihrem Stuntdouble

An den Nagel gehängt: Lola rennt nicht mehr ...

BIN ICH SCHÖN?

»Bin ich schön?«: Spanisches Candle-light-Dinner für Franka und Steffen Wink

Oben: »Als wir ›Bin ich schön?‹ gedreht haben, war mir Linda ganz, ganz nah.«
Unten: Klaus (Steffen Wink) verliebt sich in Linda

Oben: »Ich dachte, ich werde ein anderer Mensch, wenn mir nichts mehr gehört.«
Unten: Per Anhalter durch Spanien: Linda (Franka Potente) steigt zu Werner (Gustav-Peter Wöhler) ins Cabrio

SCHLARAFFENLAND

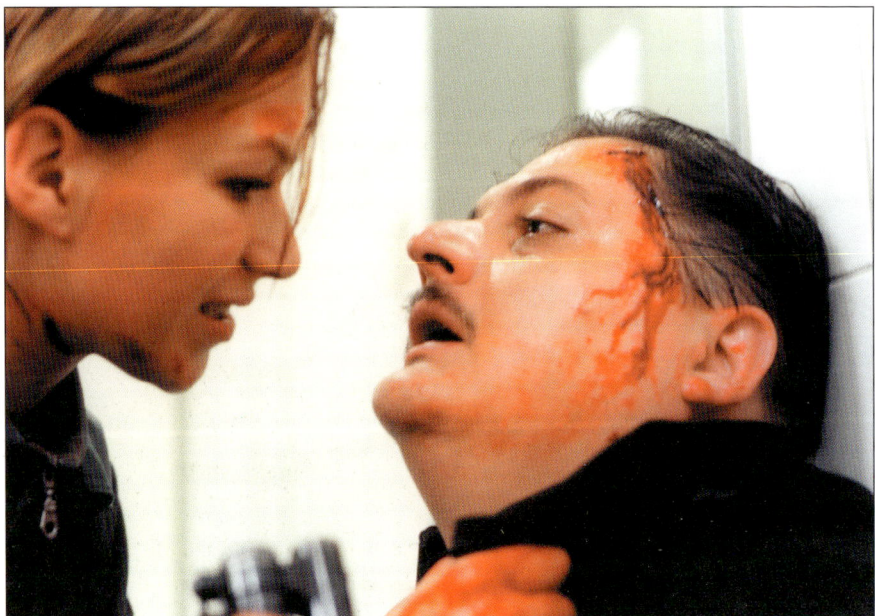

Oben: Lola im »Schlaraffenland«: Franka gerät als Wachfrau zwischen die Fronten
Unten: Wolfi (Jürgen Tarrach) in Not: Mona (Franka) muss ihn verletzt zurücklassen

Mona ist machtlos: Als eine Teenie-Clique in ihr Kaufhaus einbricht, eskaliert die Gewalt

Oben: Die schwarzen Sheriffs (Heiner Lauterbach, Franka Potente) streifen durchs Einkaufsparadies
Unten: Unter den Einbrecher-Kids herrscht eine geladene Atmosphäre ...

ANATOMIE

Oben: Was für ein Studentenleben – Medizinerin Paula (Franka Potente) in der »Anatomie«
Unten: Regisseur Stefan Ruzowitzky zeigt viel Arm

Oben: Allein auf weiter Flur – Paula wittert Hein in ihrer Nähe
Unten: Regiebesprechung in Schutzkleidung

Oben: Ganz in Weiß – Paula ist aber nicht nach Heiraten zumute ...
Unten: Nur zum Spaß – auch Regisseur Stefan Ruzowitzky möchte mal den Bösewicht spielen

Oben: Bei so viel Blut ist wasserdichte Garderobe empfehlenswert • Unten: Professor Grombek (Traugott Buhre) empfängt die neuen Studenten zum »Anatomie«-Seminar in Heidelberg

144

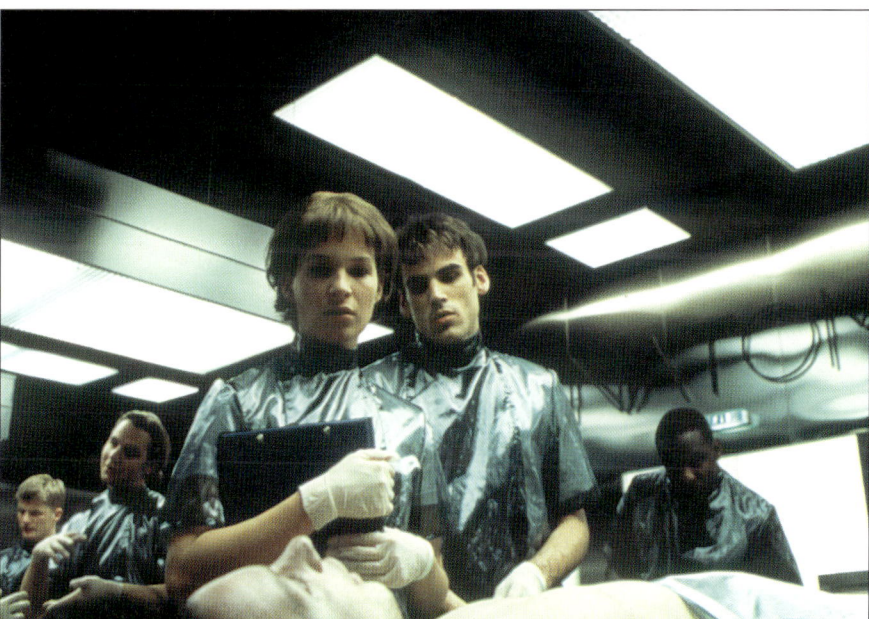

Oben: In der Drehpause kann man schon mal eine Augenbraue hochziehen ...
Unten: ... denn gleich geht's wieder an die Leichen!

Vorsicht vor Bibliotheken! Paula (Franka Potente) macht hier ganz ungewohnte Erfahrungen mit dem Skalpell

Oben: »Aaaaah!!!«
Unten: Gretchen (Anna Loos) auf der Suche nach Studienobjekten (Holger Speckhahn)

Oben: Paula und Gretchen (Anna Loos) blättern sich durch Körperwelten
Unten: Ist wirklich alles tot, was hier so rumliegt?

148

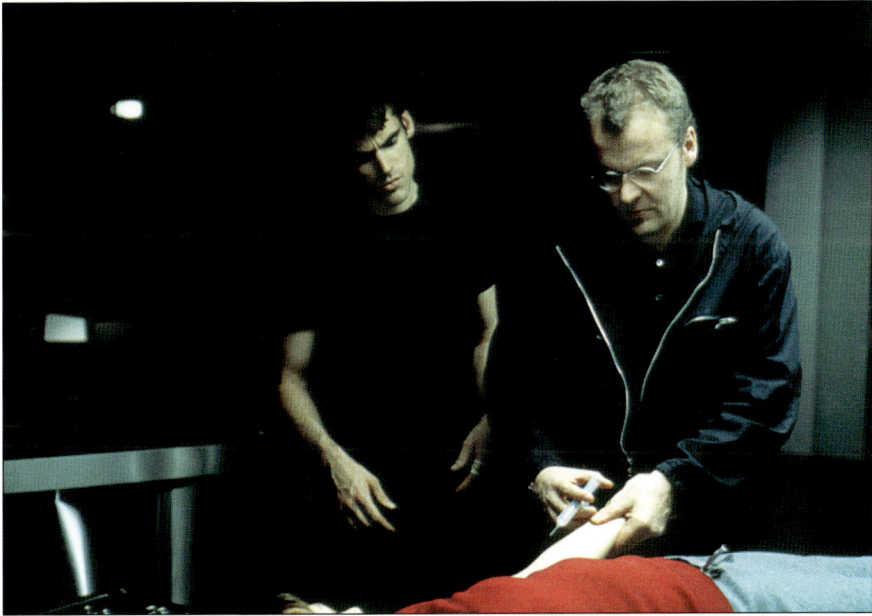

Oben: Franka spielt Paula: »*Unterhaltung eben.*«
Unten: Stefan Ruzowitzky erklärt Sebastian Blomberg, wo er bei Franka ansetzen muss

DER KRIEGER UND DIE KAISERIN

Oben: »Der Krieger und die Kaiserin« – am Anfang war die Muschel
Unten: Zweimal Benno Fürmann – Bodo 2 hält Bodo 1 die Augen zu

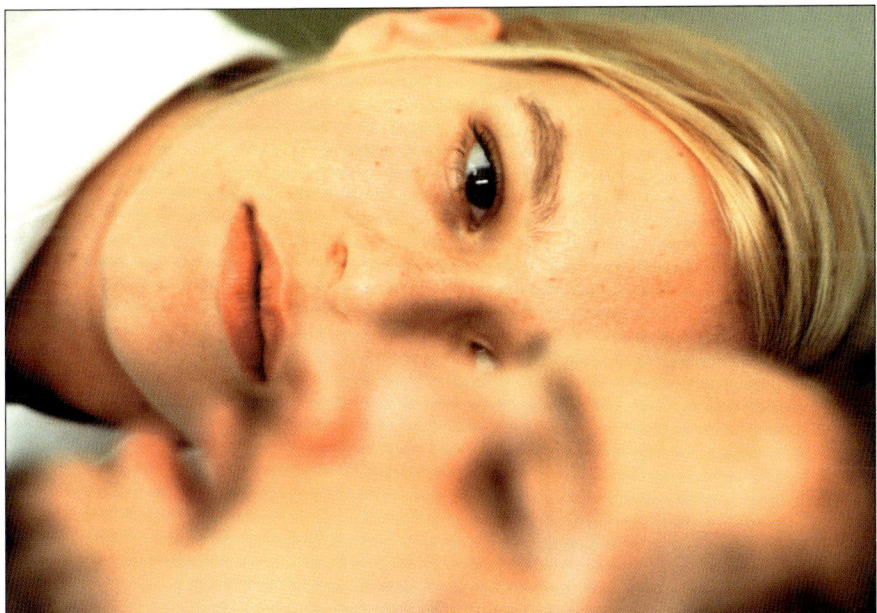

Oben: *»Was machst du denn da?«* (Bodo)
Unten: *»Du riechst gut.«* (Sissi)

151

Oben: *»Ich werde weggehen. Du kannst mit mir kommen.«* (Sissi)
Unten: *»Was willst du, was willst du denn! Hau ab!«* (Bodo)

Die Kaiserin: Franka Potente als Sissi

Mit »Lola rennt« nach Hollywood: Plakat zum US-Start von »Run Lola Run« (18.6.1999)

BLOW

Oben: »Blow«-Premiere in Los Angeles. In Ted Demmes Drogendrama spielt Franka Potente die 70er-Jahre-Jugendfreundin von George Jung (Johnny Depp) • Unten: Franka mit Co-Star Paul Reubens, der in »Blow« als dealender Friseur auftaucht

Hübsch für Hollywood ...

... Jean-Luc Russier schminkt Franka für »The Bourne Identity«

Ausnahmsweise mit Perücke ...

... Kay kümmert sich um Frankas Kunsthaar

Oben: Welcome to Hollywood: Franka Potente spielt eine Hauptrolle an der Seite von Matt Damon in der Universal-Produktion »The Bourne Identity« • Unten: Prager Selbstporträt (Januar 2001)

BIN ICH SCHÖN? / DOWNHILL CITY

Leben, die volle Katastrophe

>>*Ich dachte, ich werde ein anderer Mensch, wenn mir
nichts mehr gehört, bekomme ein neues Leben.
Hat aber nicht funktioniert.*<<
Linda

*In zwei Episodenfilmen verbinden sich alltägliche Schicksale. Unzufriedene Paare,
frisch Getrennte, Strauchelnde suchen in der Star-besetzten Bernd-Eichinger-Pro-
duktion* >>*Bin ich schön?*<< *ihr Glück im Spanienurlaub. Im Low-Budget-Hoch-
schulfilm* >>*Downhill City*<< *können sie sich nur das gleichnamige Schmuddelho-
tel leisten. Hier wie dort werden kleine Triumphe über die Widrigkeiten des Lebens
zu Kino-Momenten, die in Erinnerung bleiben. Und Franka mittendrin.*

>>EINE UNHEIMLICH STARKE FRAU.<<

Zwei (Dreh-)Anläufe

1996. Almeria, Südspanien. Doris Dörrie dreht >>*Bin ich schön?*<<, *einen Episo-
den-Film mit fast zwanzig Hauptdarstellern und ihren ineinander verwobenen
Geschichten. Nach drei Tagen fällt ihr Lebensgefährte (und Kameramann) Helge
Weindler ins Koma und stirbt kurz darauf, am 22. März. Weindler stand seit Mitte
der 70er hinter der Kamera, unter anderem bei* >>*Theo gegen den Rest der Welt*<<,
und arbeitete seit dem Megaerfolg >>*Männer*<< *mit Doris Dörrie zusammen. Er
wurde 48 Jahre alt.*

Erst eineinhalb Jahre später konnte Produzent Bernd Eichinger Dörrie über-
zeugen, die Arbeit an ihrem Projekt weiterzuführen. Von den ersten Aufnahmen
wurden die dokumentarisch in Szene gesetzten Rückblenden verwandt. Einige
Sequenzen wurden umgeschrieben, der Drehort nach Sevilla verlegt. Von der
illustren Besetzung war nur Meret Becker aus Termingründen verhindert. Franka
übernahm ihre Rolle: die sinnsuchende Linda.

Franka: »*Für mich war's seltsam, denn ich bin ja erst beim zweiten Anlauf dazugekommen. Die ersten drei Drehtage – das wusste ich gar nicht – waren haargenau so wie beim ersten Mal. Wir drehten also diese erste Szene, und es war eine Stille am Set. Alles schaute auf mich, und ich dachte nur, was ist denn hier los? Ganz komisch, als wenn eine große, dunkle Wolke über dem Ganzen hängt. Nach Drehschluss sagten die Leute, das wäre Wahnsinn gewesen, wie so'n Déjà-vu, weil alles genauso war wie beim letzten Mal, als Meret Becker meine Rolle gespielt hat und der Helge noch dabei war.*
Aber es war nicht so, dass immer eine Mitleidsstimmung am Set gewesen wäre. Doris ist eine unheimlich starke Frau, die ist wie ein Fels in der Brandung. Das merkt man sofort, wenn man der gegenübersitzt: ganz ruhig, ganz tiefe Stimme.«

Dörrie: »*Sicherlich habe ich durch den Tod meines Mannes gemerkt, dass große Gefühle nicht ohne Schmerzen zu haben sind. Man bekommt nichts von beidem, wenn man vor der vollen Katastrophe, die das Leben bedeutet, zurückschreckt.*« Es gehe in »Bin ich schön?« »*um deutsche Gefühle, diese kollektive Sehnsucht, in den Süden zu wollen, anders, besser, schöner zu sein und auch um das typisch deutsche Bemühen, sich möglichst undeutsch aufzuführen.*«

Letzte Fassung? Das Drehbuch von »Bin ich schön?«

»MEIN LEBEN HAT SICH UM 180 GRAD GEDREHT.«

Interview mit Franka Potente, Juli 1998

Wie sind denn die letzten Wochen in der Anonymität vor den Kinostarts von »Lola rennt« (20.8.1999) und »Bin ich schön?«(17.9.1999)?

Franka Potente: Haa, ich glaube, mich würde keiner erkennen. Ich sehe immer ein bisschen anders aus ...

Welcher Charakter war dir denn näher: Lola oder Linda?

Als wir »Bin ich schön?« gedreht haben, war mir Linda ganz, ganz nah. Mir ging's genauso wie Linda. Ich hatte mich getrennt, ich war von heute auf morgen umgezogen von München nach Berlin. Also mein Leben hat sich um 180 Grad gedreht. Deswegen hatte ich ein bisschen Angst vor der Rolle.

Über deutschen Film wird ja viel geschrieben im Moment ...

Mehr Franka als Linda!

163

Das ärgert mich wahnsinnig. Ich habe keine Lust mehr, diese Aufgüsse darüber zu lesen, wie jetzt alles ganz fürchterlich ist. Man sägt den Ast ab, auf dem man gerade den Arsch drauf hat. Jetzt waren zufällig ein paar schwächere Filme dabei, aber nun kommen »23«, »Aimée und Jaguar«, der neue Buck und »Bin ich schön?«, von denen man annehmen kann, dass es schöne Filme werden. Deshalb finde ich das so voreilig, wenn alle jetzt schon wieder über den gesunkenen Marktanteil grübeln oder mich fragen *(karikiert Journalistentimbre)* »Ja, Frau Potente, sind Sie jetzt die Rettung des deutschen Films?« Was soll denn da gerettet werden? Ich hab' das Gefühl, die wollen irgendwas schreiben, mies machen, immer wieder dasselbe ... *(atmet durch und lacht)* Puh, jetzt hab ich mich aber aufgeregt ...

Wie wählst du deine Rollen aus?

Seit den »Drei Mädels von der Tankstelle« bin ich misstrauischer und sage lieber einmal mehr nein. Rollen, die eine Entwicklung haben, die Geschichte vorantreiben – das ist allgemein gesprochen, was ich suche. Und wenn der Nebeneffekt ist, dass die Rollen unterschiedlich sind, und ich was Neues ausprobieren kann, ist das doppelt gut.

Wie entwickelst du die Charaktere?

Ich überlege mit dem Regisseur Emotion, Facetten der Psyche einer Figur. Das ist erst mal was, was jeder Mensch hat. Die Arbeit besteht dann darin, die Gewichtung vorzunehmen. Das heißt, bestimmte Eigenschaften, die ich habe, nach vorne zu schieben und andere zurückzunehmen, zu stärken oder abzuschwächen. Dadurch entsteht erst mal ein neuer Mensch, der aber mit mir natürlich auch etwas zu tun hat.

Hast du schon mal von Rollenfiguren etwas für dein Privatleben lernen können?

Bestimmt, also Schauspielen hat ja auch ganz viel mit Mut zu tun. Man muss immer wieder über Mäuerchen klettern. Im Grunde ist eigentlich alles da, man muss nur den Mut haben, sich in einer bestimmten Art und Weise zu exponieren, quasi einen Seelenstriptease zu veranstalten. Je nachdem wie es einem privat geht, kann das Schwierigkeiten machen, und da braucht man einen Regisseur, der feinfühlig mit einem umgeht, damit man sich nicht so nackt fühlt.

»Oh, wie schön ist Panama!«: **Linda und Klaus (Steffen Wink)**

Du hast ja die geheimnisvollste Rolle. Man fragt sich als Zuschauer: Ist Linda krank, oder ist sie nicht krank?

Ich glaube, in dem Moment, als sie sagt »Ich bin todkrank«, da weiß sie für sich, was sie meint. Sie fühlt sich krank. Sie hat vorher diese alten Menschen gesehen, die immer noch in der Lage sind, sich zu freuen. Das ist übrigens wirklich so. Da ist immer Tanztee nachmittags. Plötzlich hat sie das Gefühl, ist doch echt krank: Ich kann mich nicht mehr freuen, ich weiß überhaupt nicht, was mit meinem Leben los ist.

Was ist wirklich mit ihr los?

Man weiß nicht, woher sie kommt, sie weiß das selber auch nicht mehr. Sie hat ja auch gar nichts mehr. Sie weiß nicht, wo sie wohnen soll, was passieren soll. Sie trampt mit diesen Männern und hofft eigentlich bei jedem, das ist der Prinz, der sie erlöst.

Was macht der fertige Film jetzt mit dir?

Zum zweiten Mal als Filmpaar vor der Kamera: Franka und Steffen Wink

166

Er macht mich nachdenklich übers Alter, über Ehrlichkeit und Beziehungen. Man kriegt so'n Eindruck davon, wie einsam eigentlich jeder ist mit anderen. Das ist ein Punkt, wo er mir richtig in die Eingeweide gegriffen hat ...

Interview: Ralf Krämer und Klaus Rathje

BIN ICH DEUTSCH?

Publikumsbeschimpfungen

Obwohl »Bin ich schön?« eher unspektakuläre Alltäglichkeiten thematisiert, ist er so kontrovers diskutiert worden wie kein anderer Film der letzten Jahre: »*Die großartigen Darsteller haben viel gelitten, deshalb Daumen gerade noch quer*« (»TV Spielfilm«), stöhnten die einen: »*Ein ganz großer Geschichtenreigen, eine faszinierende Beziehungs-Rhapsodie voller tiefsinniger Dialoge*« (»Blickpunkt: Film«), jubelten die anderen. Ähnlich auseinander gehen auch die Publikums-

»Lola rennt – nicht zum Automaten« (Werbeslogan eines Nikotin-Kaugummi-Herstellers)

Foto: Enriko Boettcher

reaktionen, wie sie sich im Internet (»imdb.com«) sammeln. Gonzalo aus Miami ist der Ansicht, dass »*nicht mal die exzellente Franka Potente das Interesse an diesem Euro-Langweiler aufrecht halten kann.*« Im Kommentar von »Floh« aus München klingt fast die erst Jahre später ausbrechende Nationalgefühl-Debatte an: »*Wenn Sie kein Deutscher sind und nie in diesem Land gelebt haben, sehen Sie sich diesen Film nicht an. Er würde Ihnen blöd und zurückgeblieben vorkommen. Wenn Sie aus Deutschland kommen, werden Sie Ihren Spaß haben, ein wenig lachen und sich am Ende traurig fühlen.*« José aus Buenos Aires präsentiert einen möglichen Schlüssel für den einfachen Zugang: »*Geradlinig, einfach und trotzdem erstaunlich. Vielleicht verstehe ich Dörrie, weil ich aus einem Land komme, das so wie Spanien aus kleinen Ritualen heraus lebt.*«

Wie schon oft, entwickelte Dörrie ihr Drehbuch aus bereits veröffentlichten eigenen Erzählungen. »*So eine Prosavorlage habe ich immer gern, weil ich dadurch sehr genau weiß, wie die Figuren sich fühlen. Film ist im Vergleich zur Prosa sehr träge. Wenn man im Film einmal jemanden blöd findet, ist es sehr schwer für diese Figur wieder andere Gefühle zu erzeugen. Der Film mag die Ambivalenz nicht so sehr.*«

»Vielleicht sind wir füreinander bestimmt?«: Linda über Bodo (Uwe Ochsenknecht)

LINDA SPRICHT!

Interview mit einer Filmfigur

Lindas Geschichte taucht zuerst 1991 in Doris Dörries Erzählband »Für immer und ewig« auf. Dort, im Kapitel »Die Handtasche«, nennt sie ihren vollen Namen, Linda Grymes. Der Film verlegt ihre Erlebnisse von Los Angeles nach Spanien. Auch wenn sie sich nicht als Taubstumme ausgibt, offenbart sie dort nur Gefühle und fast nichts aus ihrer Vergangenheit.

Im Folgenden nähern wir uns Lindas Charakter in einem fiktiven Talk, der ausschließlich auf Film- und Buchzitaten basiert.

Linda, ich darf Sie doch Linda nennen, wie war das damals, als Sie Ihre Handtasche aus dem fahrenden Auto geschmissen haben?

Linda Grymes: Befreiend, ich dachte, ich werde ein neuer Mensch, wenn mir nichts mehr gehört, hat aber nicht funktioniert.

Masken: Linda am Rand der Karfreitagsprozession in Sevilla

Aber keine Frau verliert doch so einfach ihre Handtasche?

Ein Schuh- und Dünger-Vertreter, mit dem ich mal getrampt bin, hat genau dasselbe gesagt. Ich habe aber schon alles Mögliche weggeschmissen. Telefonnummern, Kleider, Gerichtsvorladungen ...

Sie wurden wegen Diebstahl verurteilt. Was haben Sie geklaut?

Über 8000 Dollar. Ich hab' in einem Warenhaus an der Kasse gesessen und manchmal das Eintippen vergessen. Ein Jahr lang. Gespart für ein anderes Leben.

Wie hätte das ausgesehen?

Grün mit roten Tupfen.

Werden wir ein bisschen konkreter. Was halten Sie von Männern?

Ich verachte, bemitleide oder verliebe mich in sie.

In wen verlieben Sie sich?

In Männer, die mir für einen winzigen Moment ihre Seele zeigen. Das will ich sofort immer wieder sehen.

Was tun Sie dafür?

Man kann sich daran gewöhnen, jede Nacht mit einem anderen Mann zu verbringen, wenn Sie das meinen. Ich bin nachts halt nicht gerne allein.

Wovon träumen Sie dann?

Schwanger auf einer Wiese unterm Baum zu liegen, am nächsten Tag wacht man neben einem Mann auf, der einem dann Kaffee ans Bett bringt ...

Was für ein Mann sollte das denn sein, der Ihnen Kaffee bringt?

Mehr Linda als Franka? Fotoshooting am Rande der Dreharbeiten zu »Bin ich schön?«

Foto: Enriko Boettcher

Ein Cowboy und Dichter, ein Zigeuner und ein Zuhause, Erdbeereis und scharfer Chili ... *(bekommt einen kurzen Lachanfall)* Sorry, das passiert jedesmal, wenn mir diese fixe Ideen kommen ...

Andere Frage: Wie steht's mit Ihrem Bewährungshelfer?

Weiß nicht, seine Visitenkarte ist in meiner Handtasche.

Bereuen Sie, die Tasche rausgeschmissen zu haben?

Nur weil jeder erkennt, dass mit mir was nicht stimmt. Aber ich glaube, dass man das einmal im Leben gemacht haben muss, um zu wissen, wie sich das anfühlt, wenn man nur noch sich selbst die Schuld geben kann.

DER LETZTE DREHTAG

Franka singt eine »Saeta«

> *Lola,*
> *im Kreise*
> *der jungen Toreros,*
> *singt Saetas.*
> *...*
> *Jene Lola,*
> *die sich so lange*
> *im Teich anblickte.*

Dieses Zitat aus García Lorcas Gedicht »Balkon« wirkt wie eine Prophezeiung. Der große spanische Dichter, dessen Verse auch Dietmar Schönherr und Steffen Wink in einer anderen »Bin ich schön?«-Episode zum Besten geben, scheint geahnt zu haben, dass jene Schauspielerin, die als Lola durch Berlin gerannt war, wenig später eine Szene spielen würde, die zum Mutigsten gehört, was in den letzten Jahren im Kino zu sehen war. Linda bekommt gegen Ende des Films einen ganz besonderen Auftritt. Gerade hat sie Klaus (Steffen Wink) kennengelernt, einen Liebeskummer-geplagten deutschen Touristen. Sie scheinen sich

»Mut für die Liebe und die Schmerzen«: Lindas Saeta

ineinander zu verlieben, flirten im Café, und dann singt Franka als Linda – und zwar auf der Straße, vor Klaus und hunderten Fremden. Nicht irgendwas, sondern eine »Saeta«, einen volkstümlichen religiösen Klagegesang. Nicht irgendwo, sondern während der Karfreitagsprozession in Sevilla, wo diese inzwischen in ganz Spanien verbreitete Tradition ihren Ursprung hat.

Historische Heiligen-Figuren werden den Museen entliehen, von den Frauen eingekleidet. Männer tragen sie dann auf schweren Sänften bis tief in die Nacht durch die Stadt. Sobald jemand Gesang anstimmt, bleibt die Prozession stehen und lauscht.

So auch im Film. Auf einem Balkon klagt eine stattliche Saeta-Sängerin, Maria, die Mutter Gottes, habe ihren Sohn verloren und befürchtet, dass man ihn verletzen wird.

Linda hingegen singt von ihrer Angst, weil sie keine Ahnung hat, wie sie leben soll. Sie weiß nur, es wird Liebe geben und Schmerzen, und sie fleht eine Marienfigur an, ihr dafür Kraft zu geben.

Eine Saeta-Lehrerin brachte Franka diesen Gesang bei. Auf spanisch, so wie die Szene zunächst geplant war. Dann entschied Dörrie sich anders: *»Pass' mal auf, wir drehen das am Schluss. Ich kenne Spanien, ich kenne die Menschen. Wir*

Der Kaffee danach: Artsi (Teemu Aromaa) und Peggy (Franka Potente) in »Downhill City«

trauen uns hier was, weil wir etwas ganz Traditionelles, Wichtiges, Religiöses hernehmen – und wir singen das auf deutsch. Franka, stell' dich darauf ein, dass Tomaten fliegen, stell dich darauf ein, dass du beschimpft wirst, aber wir machen das. Wir drehen das nachts um vier, weil die meisten Leute schlafen werden.« Die Saetas sollten eigentlich per Playback eingespielt werden, die alte Sängerin auf dem Balkon kam mit dieser Technik aber nicht zurecht. »Live« war angesagt. Die Statisten wurden in einer kurzen Rede vorbereitet. Bei allem was jetzt passiert, solle man bitte bedenken: Es ist nur ein Film. Franka erinnert sich: *»Ich habe so die Hosen voll gehabt, als ich das erste Mal da raus musste. Aber die Statisten waren so toll. Ich glaube, die haben gespürt, dass ich so 'ne Angst hatte. Das hat die so angerührt, dass sie spontan in Jubel ausgebrochen sind. Das war ganz, ganz schön.«*

»AUSGEPRÄGTE REIBUNGSFLÄCHEN«

Interview mit Hannu Salonen, Filmfest München 1999

Der 1972 an der Westküste Finnlands geborene Regisseur Hannu Salonen hat mit »Downhill City« sein Studium an der Berliner Filmhochschule DFFB abgeschlossen. Franka besetzte er als sächselnde Fast-Food-Verkäuferin.

Hört man hier auf den Smalltalk von Jugendlichen, wird man oft Zeuge folgenden Dialogs »Wo kommst du her?« »Aus Berlin, und du?« »Aus Treuchtlingen, aber ich würde so gerne auch nach Berlin ziehen.« Mit dem, was »Downhill City« zeigt, lässt sich diese Anziehungskraft wohl kaum erklären.

Hannu Salonen: Die Reibungsflächen sind in Berlin ausgeprägter vorhanden als in anderen Städten. Das macht eine bestimmte Energie aus. Mein Film lebt schon von der Atmosphäre und den Orten. Aber er ist trotzdem kein Berlin-Film; die Stadt wird nicht exponiert.

Hattest du Franka Potente schon vor dem Erfolg von »Lola rennt« besetzt?

Das Drehbuch hatten wir ihr schon davor geschickt. Ich habe mich mit den Leuten getroffen, von denen ich gedacht hatte, dass sie die richtigen seien, und

Der aus der Kälte kam:
»Downhill City«-Regisseur Hannu Salonen

Franka zum Beispiel hat sofort danach angerufen und zugesagt. Ganz einfach. Aber die richtigen überhaupt zu finden, ist schwer.

Beim Stichwort »Film aus Finnland« denkt man natürlich an die Kaurismäki-Brüder. Was bedeuten sie für dich und in ihrer Heimat?

Die haben einen großen Stellenwert. Aki ist mehr im Ausland beliebt als bei uns. Das ist ein bisschen so, wie hier mit Wim Wenders. Für mich ist Aki ein Regisseur, den ich sehr schätze, aber er ist kein direkter Einfluss in dem Sinne, dass er Filme macht, die ich auch machen will. Ich mag seine Sachen sehr, weil sein Humor sehr finnisch ist; den kann ich teilen, weil er auch ein Teil von mir ist.

Auffällig ist, dass es die Helden der meisten Kaurismäki-Filme aus Finnland raus-zieht. Wo wollen deine Helden hin?

Diese Projektionsfläche bringt Aki sehr gut auf den Punkt, wenn er seine Helden nach Estland gehen lässt, was natürlich ein ziemlicher Irrsinn ist, oder nach Amerika. Das ist die klassische Nummer, auch für die Deutschen hier. In meinem Film gibt es übrigens auf einer Meta-Ebene schon ein Zitat und zwar, wo die drei vor der großen Fähre stehen. Das ist ein typisches Bild, damit enden viele finnische Filme, man fährt irgendwohin aufs offene Meer. Aber an dem Punkt fängt mein Film erst an. Meine Helden sind auf einer anderen Reise.

Interview: Ralf Krämer

VERKÄUFERIN DES MONATS

»Downhill City«

Frankas Rolle ist in dem hier versammelten Ensemble sicher eine der augen-, auf jeden Fall die ohrenfälligste: Peggy kommt aus Sachsen. Ihr Akzent bewegt sich manchmal am Rand der Übertreibung. Laut Salonen haben sich aber sogar sächsische Zuschauer nach einer Vorführung gewundert: *»Ich wusste gor nich, dass die Franka aus Saggsn kommt.«*

Ihr müdes Gesicht verschwindet hinter einer großformatigen Brille. Sie trägt blondes, strähniges Haar, gerade lang genug, um es zu einem Pferdeschwanz zu bündeln. Ist auch hygienischer, schließlich arbeitet Peggy in einem Fast-Food-Restaurant, genannt »Heavens Burger« und damit ist auch alles Himmlische ihres Lebens erzählt.

Im grünlichen Gelb gehaltene Bilder aller Tageszeiten: Ihr Freund Hans (Ex-«Verbotene Liebe«-Star Andreas Brucker) kümmert sich um Verhütung so wie um die Haushaltskasse: gar nicht. Kickboxen betreibt er insofern beruflich, dass er regelmäßig hart trainiert und seiner Freundin eine von Siegesprämien finanzierte Zukunft verspricht. Den Rest des Tages sitzt er in der dunklen Wohnung vor Sportübertragungen oder Playstationspielen. *»Isch hab Ongst. Wir ham keen Spoß mär mitnannda!«* sagt Peggy schließlich und setzt Hans vor die Tür.

Weg vom Freund, dem sie eher eine Mutter war, hin zum geheimnisvollen Fremden, der sich Strohhalme als Vampirzähne in den Mund steckt, um sie wieder zum Lachen zu bringen.

In diesen finnischen Musiker Artsi (Teemu Aromaa) verguckt sich Peggy etwas schüchtern. Sie kann so schlecht englisch wie er deutsch. Sie wollte mal »Primo-Bollerino« werden, er will sie mit seiner Gitarre begleiten. Man teilt Träume, Bett und ein wenig Zeit. Aber richtig glücklich sieht man Artsi nur am Ende, wenn seine finnischen Freunde ihn nach Hause und in die Band zurückholen. Peggy hat das organisiert. Weil sie das Glück, das sie selbst sucht, einem anderen zuerst ermöglicht, gebührt ihr der klassische Filmschluss schlechthin. Wie Charlie Chaplins Tramp geht sie allein auf einer leeren Straße der Sonne entgegen.

SCHLARAFFENLAND / WINKE & LÄCHLE

Mädchen in Uniform

»Die gehen nicht, die wollen Rache!«
Mona

Noch im August 1999 kürte das Magazin »Gala« Götz George und Franka Potente als einflussreichste Schauspieler Deutschlands. Keine drei Monate später startete der Kinofilm »Schlaraffenland«, dem das leider nichts nützte. Schon nach zwei Wochen verschwand die »wilde Mischung aus Teenager-Drama und Psycho-Thriller« (Blickpunkt: Film) wieder von den Leinwänden. Gerademal 33.000 Zuschauer sahen Franka als Sicherheitsbeamtin, die es mit korrupten Kollegen und einer Horde Teenies aufnimmt. Die »schwarze Scheriff«-Montur tauscht sie in Enriko Boettchers Kurzfilm »Winke & lächle« gegen das blaue Dress einer PanAm-Stewardess.

Regisseur Friedemann Fromm (mit Ken Duken und Franka):
»Schlaraffenland ist eine Herausforderung. Es ist ein kompromissloser Kinostoff.«

»JEDES JAHR WERDEN DIE KARTEN NEU GEMISCHT.«

Park Hyatt Hotel, Hamburg, den 14. Oktober 1999

Franka, wie schwer ist so eine Waffe, wie du sie in »Schlaraffenland« trägst?

Franka Potente: Schwerer als man denkt! Das kommt einem auch schwerer vor, weil man sie am ausgestreckten Arm trägt. Wir haben ja ein Schießtraining gemacht für den Film. Ich habe einen Mordsrespekt davor. Wir hatten so einen Django-Typen, der uns das beigebracht hat ... Es ist irre laut, und da kommt richtig so'n kleiner Hitzeschwall. Die Männer sind wahnsinnig fasziniert gewesen – ich konnte das nicht so teilen.

Neben dem Schießen musstest du auch Taekwondo trainieren. Bist du jetzt auf dem Weg zur Actionheldin?

Nein, wenn es irgendwie geht, vermeide ich das eher. Ich bin weder ein sportlicher Typ, noch reizt mich das eigentlich. Bei »Schlaraffenland« wäre es ein Feh-

Mona (Franka Potente) lässt die Kaufhauspuppen tanzen ...

ler gewesen, diesen Aspekt auszusparen. Darin äußert sich halt dieser Outbreak, den Mona zum Schluss hat. Der Film hat ja auch eine recht klare Entscheidung in die Richtung: Die Gewalt wird hart und brutal gezeigt.

Deine Rolle der Mona Wendt ist aber bei aller Action und Gewalt sehr menschlich angelegt.

Ich wollte die Entwicklung zeigen von jemandem, der eher eine Aversion gegen Gewalt hat. Letztendlich ist es ja ein Konflikt der Figur, dass sie bestimmte Vorschriften hat und innerhalb ihres Jobs eine Funktion hat, die sie natürlich auch in der Extremsituation erfüllen muss.

Ich glaube auch, dass man unter so einem Druck Kräfte entwickelt, die bestimmte Handlungen erst ermöglichen. Ich wollte diesen Bogen erzählen, dass sie über eine anfängliche Skepsis hinweg ausbricht zu einem Überlebenskampf. Ich wollte aber nicht wie eine wildballernde Actionheldin durch den Film rennen.

Würdest du »Schlaraffenland« denn trotzdem als Actionfilm bezeichnen?

Mona sitzt zwischen allen Fronten: Mary (Camilla Renschke) gibt ihr die Schuld am Tod von Pia

Das Genre Action wird dem Film nicht gerecht. In meinem Kopf ist es so, dass Actionfilm gleich »hohl« und »reduziert auf reine Ballerei« impliziert.

»Schlaraffenland« ist auch ein Thriller und der Versuch, eine Generation zu porträtieren, aber auch nur innerhalb einer speziellen Situation. Ich finde an dem Film gut, dass er unterschiedliche Perspektiven hat.

Ich hatte auch Lust, mich nach »Lola« wieder in ein Ensemble einzufügen. Das ist in der Arbeit etwas ganz anderes. Du musst gucken, wie die anderen ihre Figuren anlegen, und man muss einen Proporz für seine eigene Figur finden. Also du musst dich auch mal im richtigen Moment zurücknehmen.

Die Angebote für Hauptrollen dürften nach »Lola rennt« doch massenhaft reinkommen.

Viele – aber wenig Interessantes ... Man wird auch immer strenger. Ich empfinde das wie so'n Pokerspiel.

Jedes Jahr werden die Karten neu gemischt. Warten können ist da sehr wichtig. Es gibt immer 'ne Angst davor, zu schnell das nächste Projekt anzufangen, von dem man nicht ganz so überzeugt ist – und dann kommt das nächste sehr

Wenigstens hinter den Kulissen herrscht Frieden: Daniel Brühl mit blutig-geschminkter Franka

181

gute Projekt, und man kann es nicht wahrnehmen. Pro Film verbringt man drei, vier Monate im Studio – und man hat überhaupt keinen Sommer.

Ich hätte auch kein Problem damit, nur ein oder zwei Filme im Jahr zu machen. Irgendwie wächst mehr und mehr die Sehnsucht, auch einfach andere Sachen zu machen. Ich habe festgestellt, dass ich unheimlich wenig zu Hause war.

Hast du Vorbilder?

Meryl Streep. Ich finde bewundernswert, was sie macht. Ich finde sie technisch immer wieder wahnsinnig gut und immer wieder überraschend. Sie schafft das einfach völlig überzeugend, immer wieder eine andere Person zu sein. Ich finde sie als Gesamtkonzept interessant. Das ist jemand, der qualitativ so gut arbeitet

Ein Herz für Kinder: Wachfrau Mona hält zu Dannie (Tom Schilling)

– wenn ich sehe, dass sie in einem Film mitspielt, bin ich sofort der Meinung, das muss ein guter Film sein. Das finde ich halt erstrebenswert: dass man es schafft, ein Garant für Qualität zu sein. Das hat sie sich über Jahre bewahrt, ohne sich groß privat in den Vordergrund zu spielen. Sie hat sich immer über ihre Arbeit identifizieren lassen.

In der Presse wurdest du als einflussreichste deutsche Schauspielerin bezeichnet.

Das war jetzt nach dem Bundesfilmpreis und so. Leute, die mich kennen, haben da auch drüber gelächelt. Letztendlich bringt es natürlich einen gewissen Einfluss mit sich, gerade angesagt und berühmt zu sein. Aber das wird jetzt so klischeehaft dargestellt, als ob man die Zentralbank wäre! Ich finde das ganz ulkig.

Interview: Klaus Rathje

Anführer Checo (Daniel Brühl) fordert ein Todesurteil für Mona

LOLA SCHIESST

Friedemann Fromms Kinodebüt »Schlaraffenland«

Mona Wendt (Franka Potente), eine Ex-Kripobeamtin, die nun bei einem privaten Wachdienst arbeitet, wird eines Nachts zum Sondereinsatz gerufen. Mit gezogener Waffe und drei Kollegen an ihrer Seite muss sie die Etagen nach Einbrechern durchsuchen. Hinter Kleiderständern und Heimwerker-Regalen lauern aber keine schweren Jungs, sondern eine Clique komsumgeiler Teenies, die hier eigentlich nur eine Party feiern wollen – mit reichlich Sex, Drugs und Markenjeans.

Als herauskommt, dass in dem Kaufhaus noch die 2,5-millionenschweren Wochenendeinnahmen im Safe schlummern, sieht Oberwachmann Popps (herrlich fies: Heiner Lauterbach) seinen Auftrag plötzlich ganz anders: Warum nicht ein bisschen mitverdienen, wenn schon ausreichend Täter anwesend sind ... Zusammen mit Michi (Roman Knizka, »Vergiss Amerika«) will er das Geld abstauben und den Teenies noch mal eben zeigen, *»was Krieg wirklich bedeutet«*.

Auf dem Kuppeldach des Kaufhauses: Mona kann nicht verhindern, dass Blut fließt

Genau den möchte Mona verhindern, muss aber Popps Spiel eine Weile mitmachen, um den Halbstarken zu helfen. Dieser Drahtseilakt bringt sie zweimal in tödliche Situationen: Auf dem Glaskuppeldach muss sie hilflos zusehen, wie eines der Mädchen in die Tiefe stürzt. Weil die übrigen Kids Mona für den Unfall verantwortlich machen, gerät sie zwischen die Fronten. Als Popps dann seinen abtrünnigen Kollegen Wolfi (Jürgen Tarrach) exekutiert, ist Mona endgültig auf sich allein gestellt ...

Nach den großen Erfolgen von »Nach fünf im Urwald«, »Lola rennt« bis »Bin ich schön?« hagelte es nun Kritik: »*Franka Potente als Wachfrau wirkt so passend wie ein Weihnachtsmann im August*«, schalt der »Spiegel« (45/1999). »Cinema« geißelte den Kaufhaus-Krimi als »*Seifenoper-Action*« und vergab einen »Tief-Daumen«. »*Mag der sprunghafte Actionfilm auch in weiten Passagen misslungen sein*«, urteilte die »Faz«, »*Franka Potente besteht ihre Rolle einer Sicherheitsbeamtin unter Dauerbeschuss mit Bravour.*« Für die insgesamt gute Besetzung war Nessie Nesslauer verantwortlich, die Franka einst für »Nach fünf im Urwald« entdeckte.

»*Zeigen, was Krieg wirklich bedeutet*«: Popps (Heiner Lauterbach), Mona (Franka), Wolfi (Jürgen Tarrach), Michi (Roman Knizka)

Dennoch bleibt »Schlaraffenland« als Thriller unter seinen Möglichkeiten, der im letzten Drittel in Konfusion und Langatmigkeit zerfällt. »TV Today« brachte es auf den Punkt: *»Die Actionsequenzen sind super – das ganze Drumherum ausgesprochen bemüht.«*

Frankas Charakter hätte den Zuschauer noch am ehesten durch die zuweilen nicht ganz nachvollziehbare Handlung führen können. Leider ist ihre Rolle nicht groß genug, um als tragfähige Identifikationsfigur zu funktionieren. Immerhin konnte Franka der Filmwelt beweisen, dass noch ganz andere Seiten in ihr stecken. Wer bisher dachte, Franka Potente wäre ein braves Mädel mit roten Haaren und Turnschuhen, sah sich eines Härteren belehrt.

»Die beharrliche Westfälin scheint nicht das Zeug zu haben, sich als Darstellerin zu schonen«, analysierte die »Faz« und fragte nach ihrem Hauptcharakterzug. Frankas Antwort: *»Misstrauisch, immer wieder überwunden von Neugier.«*

FRANKA IM FILMFIEBER

Regiedebüt »Winke & lächle«

Direkt vom »Schlaraffenland«-Set fuhr Franka zu den Dreharbeiten eines Regieneulings: Enriko Boettcher, eigentlich Fotograf, Kameramann und Schauspieler, wollte sich mit einem Kurzfilm auch als Regisseur probieren. Franka lernte ihn 1997 bei den Dreharbeiten von »Bin ich schön?« kennen. Boettcher machte Stand-Fotos am Set in Spanien, schoss Porträts von Franka und drehte ein »Making of« des Episodenfilms. Jetzt, im Spätherbst '98, brachte Boettcher das Filmpaar Franka Potente/ Steffen Wink ein drittes Mal zusammen. Sogar Doris Dörrie bekam einen kleinen Part.

Als Nina und Lorenz in »Coming In« beziehungsweise Linda und Klaus in »Bin ich schön?« verliebten sie sich ineinander. In »Winke & lächle« bricht nun der bittere Beziehungsalltag über die beiden herein: *»Scheißegal, was ich sage. Du hörst ja eh nur, was du hören willst!«* jammert Steffen (als Steffen). *»Woher willst du denn wissen, was ich hören will?«* kontert Franka (als Susa). Doch dann geschieht Wundersames: Kaum dass die beiden eine Autobahnbrücke passieren, ist Steffens Ärger schlagartig verflogen (und Susas Herpes). Auch andere Leute erleben Übersinnliches: Ein langhaariger Althippie (Max Tidorf in seiner schrillsten Rolle) hat nach zwanzig Jahren seine Stimme wiedergefunden. Einem Bauern wachsen zwei Finger nach, das Gemüse einer Gärtnerin (Sissi Perlinger) ist wieder genießbar. Steffen, von Beruf Fernsehreporter, fallen als Erklärung nur lächelnd-winkende Menschen ein, die er auf der Brücke gesehen hatte. In diesen »Winkis« wittert er eine Story. Obwohl seine Chefin Dr. Deeh (Doris Dörrie) nicht so angetan ist *(»Ihr Material klingt nach Beschiss!«)*, bekommt er den Zuschlag. Mit einer Digitalkamera bewaffnet, macht er sich auf die Jagd nach den Wunderwinkern. Eine Ausfahrt von der Autobahnbrücke entfernt, lässt er

Am Set von »Winke & lächle«: *»Woher willst du denn wissen, was ich hören will?«*

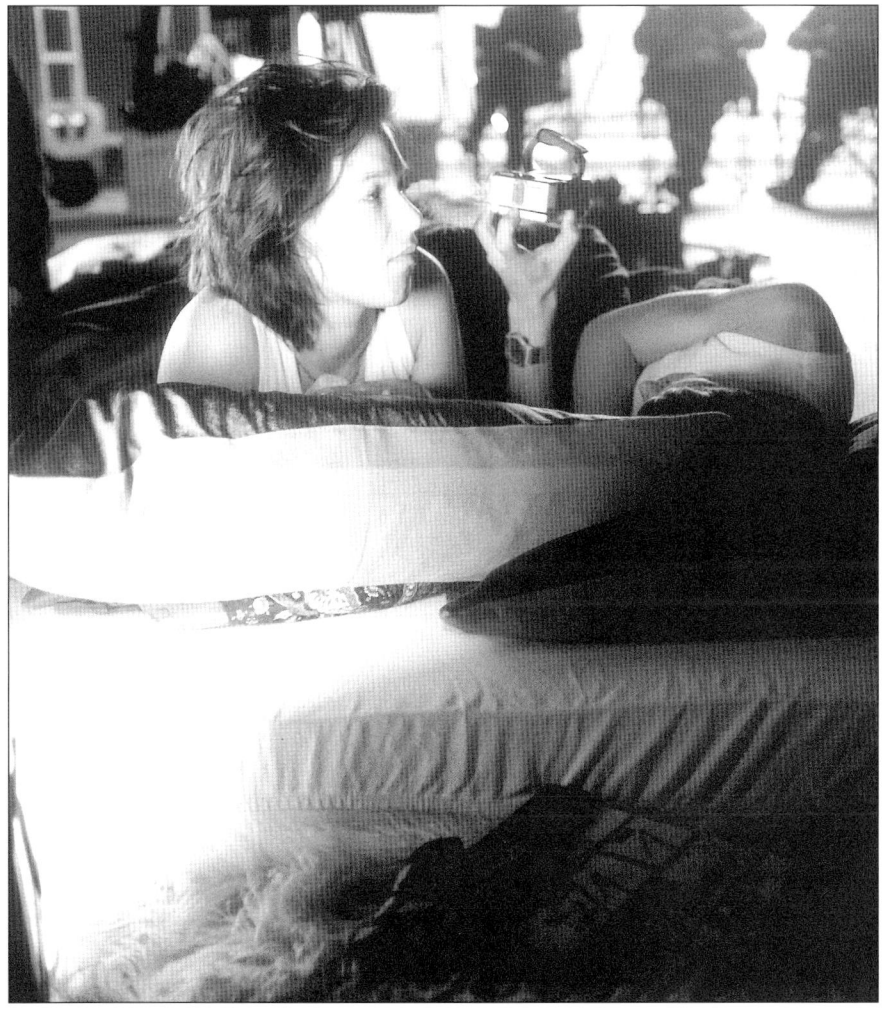

eine seltsame Tramperin (ebenfalls Franka Potente) in sein Auto. Ihr altmodisches Stewardess-Kostüm verleiht der Fremden eine geisterhafte Erscheinung. Im selben Augenblick spricht Susa auf Steffens Mailbox. Sie hat herausgefunden, dass vor dreißig Jahren auf der Höhe der Autobahnbrücke eine PanAm-Maschine abgestürzt war. Doch ahnungslos rast Steffen mit der Stewardess dem Schauplatz der Katastrophe entgegen ...

Dass die »Winke & lächle«-Dreharbeiten überhaupt zu einem Film geführt haben, ist auch ein kleines Wunder: Franka fiel die ersten drei Drehtage komplett aus, weil sie mit einer asiatischen Grippe das Bett hüten musste. Tom Tykwer reiste eigens aus Berlin an, um seine Freundin zu pflegen. Für die Franka/Steffen-Szenen blieben letzten Endes nur zwei Tage, denn:

Franka Potente als Stewardess in »Winke & lächle«:
»Es sind jeden Tag ein, zwei Leute aus dem Team krank umgefallen.«

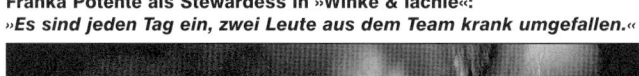

»Es sind jeden Tag ein, zwei Leute aus dem Team krank umgefallen«, erinnert sich Boettcher: »Das verlief bei jedem gleich: Zuerst übergibst du dich, und dann hast du die Magen-Darm-Grippe mit Fieberschüben ...« Am Ende der gerade mal zwei Tage, die für gemeinsame Aufnahmen mit Franka und Steffen geblieben waren, erwischte es nach einer Szene im Auto auch Steffen Wink: Noch bevor er ganz aussteigen konnte, übergab er sich auf den Asphalt ...

Aber das Chaos, das schon ein 18-minütiger Kurzfilm angerichtet hat, kann den Regieneuling nicht von weiteren Projekten abhalten: »Es gibt die Idee, ›Winke & lächle‹ als Langfilm zu machen.« Ob Franka dann wieder für eine Doppelrolle zur Verfügung stehen wird, bleibt abzuwarten.

Da half nur ein Schaumbad:
Franka fiel drei Tage aus, weil sie an einer asiatischen Grippe erkrankte ...

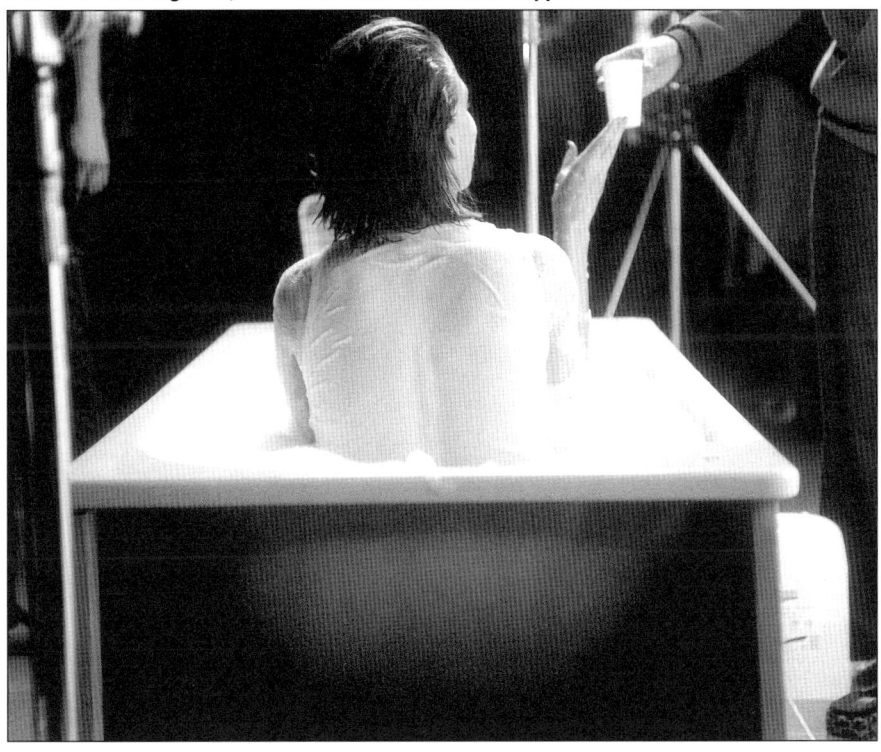

189

ANATOMIE

Horror in Heidelberg

»Wuäh, ist das Zeug glibschig!«
Paula

Frankas zweite Zusammenarbeit mit ihren »Entdeckern«, den Produzenten Claussen & Wöbke, sollte mit über zwei Millionen Zuschauern die erfolgreichste deutsche Produktion des Jahres 2000 werden. Ihr erster Genrefilm, mit zwei Publikumspreisen gekrönt, etablierte sie endgültig auch als Star des Mainstream-Kinos.

»Unser Kennenlernen war eher schleichend«: Benno Fürmann über sich und Franka

190

»RELATIV WENIG HAARSPRAY«

Interview mit Benno Fürmann, Berlin, März 2001

Durch Filme wie »Die Bubi Scholz Story« oder »Der Eisbär« selbst zu einem Schauspieler geworden, dessen bloße Anwesenheit Teenager in kreischende Verzückung geraten lässt, war auch Benno Fürmann eine ideale Besetzung für »Anatomie«. Freilich ohne vorerst zu ahnen, dass es innerhalb weniger Monate schon zu einer zweiten Zusammenarbeit mit Franka kommen würde.

Sie haben, wie Franka, die New Yorker Lee-Strassberg-Schule besucht. Was steckt dahinter, außer dem schlagzeilenträchtigen »Method Acting«, das Hollywoodstars wie Nick Nolte dazu bringt, auf der Straße zu leben, um sich auf eine Obdachlosen-Rolle vorzubereiten?

Benno Fürmann: Das ist sicherlich ein Ansatz. Wie extrem das jeder lebt, ist individuell verschieden. Aber du machst schon Übungen, wie zum Beispiel: »Geh

Franka mit Sabrina Setlur, die mit »Alles« einen ihrer
besten Songs zum »Anatomie«-Soundtrack beisteuerte

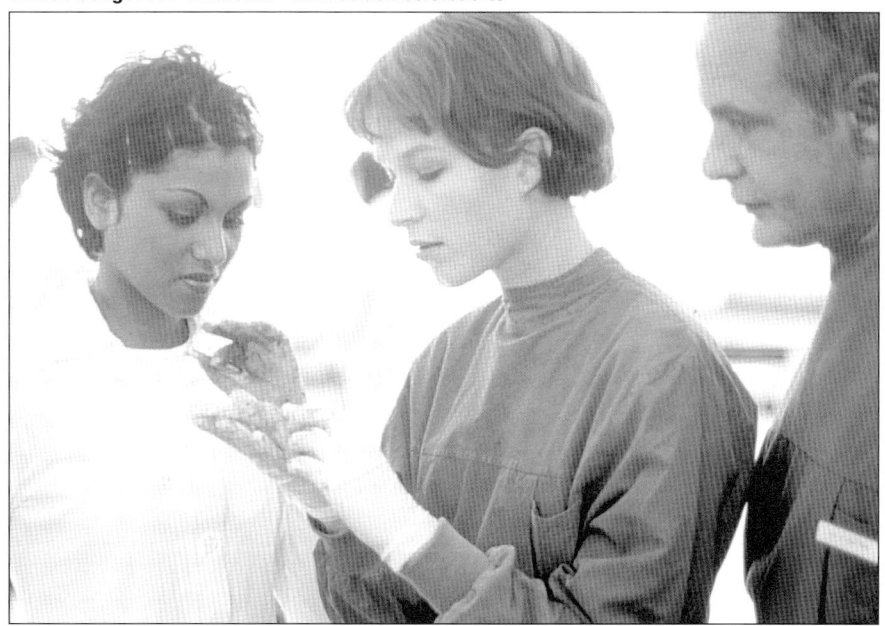

in den Park, such dir jemanden raus, beobachte ihn. Komm als er wieder! Nimm seinen Habitus, seinen Gestus an. Wie geht er, wie ist er drauf?« Letztlich geht es aber auch bei »Method« darum, so nah wie möglich an das Herz eines Menschen zu kommen. Sie arbeitet nur auf einer sehr sinnlichen Schiene, mit unheimlich persönlichen Empfindungen, teilweise mit Gerüchen und so weiter. Das waren dann auch Dinge, bei denen ich ausgecheckt bin. Dir erzählt eh jeder Schauspiellehrer, dass er den Kelch der Weisen gefunden hat. Ich habe mir in L.A. mal eine Variety gekauft, da hast du Anzeigen von abstrusen Methoden: »Learn to be a great actor in two weeks« oder »How to be a superstar in one week.« Das ist natürlich Quatsch. Die Kunst, auf eine Schauspielschule zu gehen, ist auch die, dir das zu nehmen, was für dich funktioniert und das andere zu lassen.

Kam es in der Probephase von »Anatomie« zur ersten Begegnung mit Franka?

Bei der »Lola rennt«-Premiere bin ich ihr und Tom vorgestellt worden. Dann habe ich sie nicht mehr gesehen bis zu einem Abend, wo klar war, dass sie Paula

Die Angst im Nacken: Hein (Benno Fürmann) und Paula (Franka)

und ich Hein in »Anatomie« spielen würde. Unser beider Lieblingsmaskenbild-
ner Waldemar Pokromski hatte ein gemeinsames Essen vorgeschlagen. Da haben
wir uns zum ersten Mal ein bisschen besser kennengelernt. Es war aber nicht
so, dass wir aus dem Reden nicht mehr rausgekommen wären und uns so »gefunden« hätten. Ich glaube, sie ist ein sehr vorsichtiger Mensch und das mochte ich
an ihr, denn mir geht es ähnlich. Also war unser Kennenlernen eher schleichend.

*Franka erhält einen Publikumspreis nach dem anderen, dir kreischen Teenies hin-
terher. Was macht diese Wirkung aus?*

Die Leute wissen es zu honorieren, wenn man ihnen keinen Bullshit erzählt, die
wissen Ehrlichkeit zu schätzen. Eine der großen Stärken von Franka ist ihre
Zugänglichkeit, etwas sehr Ungeschminktes, Unkapriziöses. Auch wenn du mit
ihr am Tisch sitzt, ist sie unheimlich unschnörkelig und sehr direkt in ihren
Äußerungen und in der Art und Weise, wie sie mit Erlebnissen umgeht, was
Erlebnisse mit ihr machen. Sie geht schnell von Tränen ins Lachen über und so
ist auch ihr Schauspiel. Dadurch porträtiert sie fürs Publikum Charaktere, die
nachvollziehbar sind.

Weil eine Menge Schnörkel das Wesentliche verstellen ...

Der unsichtbare Zweite: Hein und Paula

193

Genau. Bei Franka ist nicht so viel glitzernde Ritterrüstung um den Menschen. Selbst bei einer Figur wic Sissi, die einem ein bisschen seltsam anmutet, hat sie etwas ganz Lebensnahes, Direktes, wo die Leute Lust haben, mitzugehen. Da ist wenig Plastik. Anders gesagt: Trotz ihrer ständig gefärbten Haare benutzt sie relativ wenig Haarspray.

RUN STEFAN RUN

Wie alles begann

Ein Fahrradbote rast durch die Stadt, immer in Zeitdruck. Nebenbei versucht er, seine Liebe aus auswegloser Situation zu retten. Was klingt wie ein männliches, etwas eindimensionaleres Remake von »Lola rennt«, hieß »Tempo« und gewann als Regiedebüt des Wiener Regisseurs und Autors Stefan Ruzowitzky 1997 den Max Ophüls Förderpreis. Damit bewies der 1961 in Wien Geborene

Tücke der Perücke: Franka und »Anatomie«-Regisseur Stefan Ruzowitzky

Talent für Timing, Technik und nicht zuletzt ein Faible für splatterähnliche Horrorszenarien. Mit dem Mann war zu rechnen. Noch größere Erwartungen weckte er aber durch seinen zweiten Spielfilm, den fast schon subversiven Alm-Western »Siebtelbauer,« über den sogar die »New York Times« ins Schwärmen geriet.

Zur selben Zeit machte man an anderer Stelle einen weiteren Schritt Richtung Ruzowitzkys erklärtem Ziel, in Hollywood Filme drehen zu wollen. Andrea Willson, Geschäftsführerin der neu gegründeten deutschen Columbia Pictures Filmproduktion präsentierte den wohlbekannten Produzenten Caussen & Wöbke die Idee zu einem Horrorthriller im Medizinermilieu. Die beiden erkannten darin das optimale Projekt für Ruzowitzky, mit dem sie arbeiten wollten, seit sie »Tempo« gesehen hatten.

Ruzowitzky, auch Drehbuchautor, war angetan von der Möglichkeit, die unterdrückten Mordphantasien seines »Tempo«-Helden im Arztkittel zu Taten werden zu lassen. Er plante für diesen *»waschechten Schocker, über den Jugendliche auch lachen können sollten«* eine Frau in der Hauptrolle ein, nachdem er in seinen ersten Filmen Kapazitäten wie Nicolette Krebitz und Sophie Rois nur

Erste Hilfe: Paula versorgt Caspar (Sebastian Blomberg)

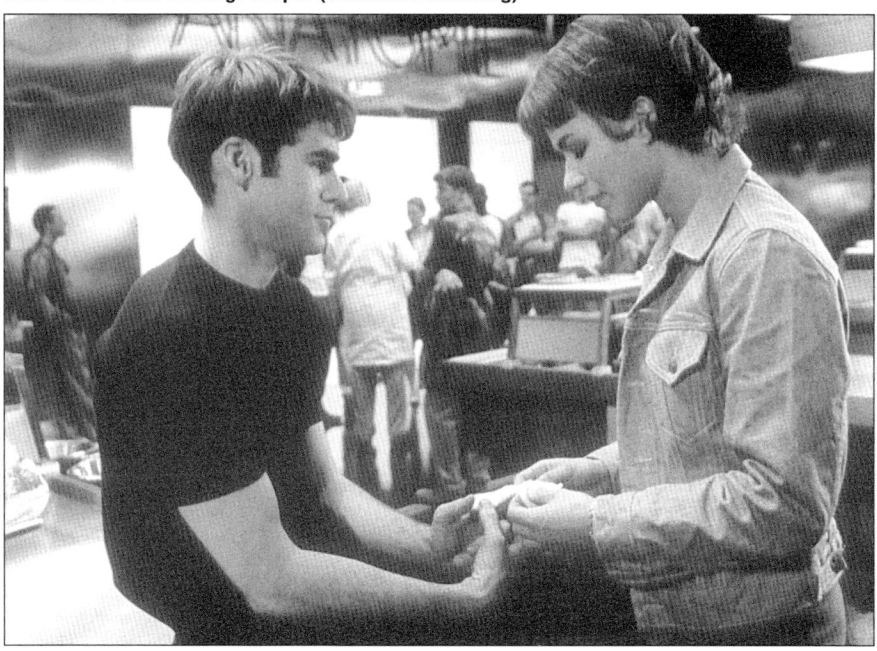

als starke Nebendarstellerinnen besetzt hatte. Ruzowitzky: »*Franka entsprach genau dem Typ, den ich mir vorstellte. Ich begann, mit ihr im Kopf zu schreiben, obwohl ich sie persönlich gar nicht kannte.*«

Nach sieben Monaten Entwicklungszeit stand bereits die zweite Drehbuchfassung. Man nahm Kontakt zu Franka auf, an der Ruzowitzky gefiel, dass sie »*noch etwas Unfertiges ausstrahlt. Andere Darstellerinnen in ihrem Alter wirken schon viel definierter, gefestigter. Franka vermittelt den Eindruck, als würde sie noch suchen, wo sie hingehört, was sie will. Speziell für eine Figur wie Paula, die im Verlauf des Films einen Reifeprozess durchmacht, ist das viel spannender.*«

Wohl auch, weil sie die Co-Produzenten kannte und darauf vertraute »*dass wir keinen RTL-Schrott abliefern*« (Claussen), sagte Franka zu.

»*Ich hab' jeden Abend unters Bett geguckt.*«

»ICH WOLLTE EINFACH MAL AUSPROBIEREN, WIE SICH DAS STARRE KONZEPT EINES GENRE-FILMS SO ANFÜHLT. UNTERHALTUNG EBEN.«

Frankas Rolle und ihre Geschichte

Der Medizinstudentin Paula fällt es leicht, Toten die glibschigen Geschlechtsorgane zu entfernen. Mit lebenden Männern hat sie dagegen Probleme. Das ist ihr allerdings ganz recht. Ausbleibende Affären sparen Zeit, und die braucht sie, um in die Fußstapfen ihres todkranken Großvaters zu treten. Der hatte als berühmter Professor an der Uni-Klinik in Heidelberg geforscht, während sein Sohn, Paulas Vater, nur als gewöhnlicher Allgemeinarzt im heimatlichen München praktiziert. Mit der zweitbesten Zwischenprüfung ihres Jahrgangs bekommt Paula die Chance, in den Semesterferien einen Elitekurs beim Heidelberger Professor Grombek zu belegen. Voller Ehrgeiz und Glauben an die Möglichkeiten der »modernen Medizin« macht sich Paula ans Studium. Doch gleich am ersten Tag wird es persönlicher, als Paula lieb ist. Sie erkennt in dem ersten zu sezierenden Leichnam einen Jungen wieder, dem sie tags zuvor mit einer Herzmassage im Intercity das Leben gerettet hatte. Obwohl sie weiß, dass er an einem schweren Herzfehler litt, macht sich Paula auf die Suche nach der

Paula jagt die Antihippokraten, Professor Grombek (Traugott Buhre) lieber Schmetterlinge

Todesursache. Eine erste Spur meint sie in der Signatur »AAA« gefunden zu haben, die dem Toten in die Wade geritzt worden ist. Von ihrer Zimmerkollegin Gretchen, der besten ihres Jahrgangs, wird sie allerdings belächelt. Erstens glaubt sie, Paula sähe Gespenster, zweitens ist Sommer, und was wäre ein Anatomiekurs ohne leibhaftige Forschung am anderen Geschlecht? Auswahl an Kommilitonen gibt's genug, ob sie nun Phil oder Hein heißen. Bei letzterem hat sie sich allerdings verrechnet. Hein reagiert auf Gretchens wechselnde Amouren ebenso empfindlich wie auf Paulas Nachforschungen. Sie entdeckt, dass sich hinter »AAA« die Antihippokraten verbergen, ein Geheimbund von Medizinern mit ethisch und juristisch zweifelhaften Forschungsmethoden. Abends findet sie ihr Bett in Blut getränkt, Gretchen dafür nicht mehr. Vom Professor weiß Paula mittlerweile, dass ihr Großvater in der Nazizeit Großmeister der antihippokratischen Loge war und ein Mittel erfunden hat, das die Sezierung noch Lebender ermöglicht. Doch bevor sie dieser schockierenden Erkenntnis auf den Grund gehen kann, stirbt ihr Großvater im Krankenhaus. Verzweifelt sucht Paula Trost bei Casper, einem Kommilitonen, der von Anfang an ziemlich erfolglos mit ihr zu flirten versucht hatte. Am nächsten Tag überschlagen sich die Ereignisse. Zuerst fällt Casper in Verdacht, mit dem Geheimbund unter einer Decke zu stecken, dann kommt es im Anatomie-Gebäude zum tödlichen Treffen. Hein führt Paula sein neuestes Werk vor: den sorgfältig präparierten Leichnam Gret-

Entdecken Körperwelten: Hein und Caspar

198

chens. Nun sind Paula und Casper, der sich mittlerweile als investigativer Journalist entpuppt hat, die nächsten auf Heins Liste ... Einige dramatische Verfolgungsjagden später hat Paula Hein erledigt und kann mit Casper ihre Rettung und die Entdeckung der Liebe feiern. Währenddessen schmieden überlebende Kommilitonen Zukunftspläne: In welcher Uni oder Privatklinik können sie dem Forschungsauftrag der Antihippokraten jetzt gerecht werden?

»ES IST RICHTIG PEINLICH, ABER ICH HABE WÄHREND DER DREHARBEITEN JEDEN ABEND UNTERS BETT GEGUCKT.«

Die Mechanik des Gruselns

... kein Wunder, dass ein Film, der schon seine Hauptdarstellerin um das sichere Schlafgefühl bringt, auch die Menschen jenseits der Leinwand zu bannen weiß. »Das Kalkül des Films war, an der Kasse zu funktionieren«, bestätigt Jakob Claussen und so zielt auch das Drehbuch auf größte Funktionalität ab. Männlein und Weiblein decken die repräsentative Breite an Publikumsbedürfnissen. In der Tradition jüngster amerikanischer Vorbilder paaren sich Ironie mit Übertreibung, und es herrscht ein reichlich konservatives moralisches Prinzip. Das sexy Luder (Anna Loos) wird trotz hohem IQ mit dem Tod bestraft, so wie Hein, der weinerliche Schönling mit dämonisch unterentwickelter sozialer Kompetenz, nicht in einer Anstalt, sondern mit rekordverdächtig unwahrscheinlichem Winkel in Paulas Messer landet.

Extreme bestimmen auch das Design, die effektvolle Ausstattung. Der Anatomiesaal ist fensterlos, dominiert von Neonlicht und glattem Metall. Nichts kann hier dauerhafte Spuren hinterlassen, die einen ja immer an Abnutzung, also zusätzlich an Vergänglichkeit und Tod erinnern würden. Passend zu dieser hyperrealen Kunstwelt wollte Ruzowitzky für den Teich, an dem sich Paula mit der Bemerkung »Das ist doch zu kitschig« ungelenk Caspers Küssen erwehren sollte, auch »den teichigsten Teich der Welt« haben. »Anatomie« treibt das Genre zwar auf die Spitze, ironisiert es aber durch seine Charaktere.

Frankas Paula ist alles andere als ein heldenhafter Sympathiebolzen. Locker wirkt sie nur zu Beginn im Krankenhaus (in dem Franka an ihren Eltern vorbeiläuft, die sich als Statisten am linken Rand mit einem Arzt unterhalten). Scherzend, lächelnd, ihre Nase vorwitzig in die Krankenakten steckend, macht sie sich auf den Weg zum Großvater. Im fremden Heidelberg reagiert sie oft hart

Franka in einer Drehpause

an der Grenze zur Karikatur mit kindisch trotzigen Gesten, wenn sie ihren Willen nicht kriegt oder sich bloßgestellt fühlt. Probleme meistert sie nur dann, wenn sie ihre Lösung auswendig gelernt hat. Die sagt sie sich dann gerne laut auf, zur Beruhigung mehrmals wiederholend – das Mantra einer Hospitalistin. Kurz: Paula wirkt streberhaft, uncool – und auf Doktorspiele steht sie nur im wörtlichen Sinne. Zunächst. Denn ihr ist im Laufe weniger Tage ein deutlicher Reifungsprozess vergönnt. Und bei einer wie Paula muss die Entdeckung der Liebe zum Fest werden.

Zeit für Frankas erste »*full naked sex-scene*«, wie sie das zu nennen pflegt. Aber im Ernst: »*Das war wirklich unangenehm, so nett mein Partner Sebastian auch ist. Man schwitzt, da ist diese fremde Haut auf deiner. Es ist überhaupt nicht intim, und dabei muss es leicht und verliebt aussehen. Das war das Grauen.*« Da hilft nur noch eine Technik: innere Distanz. »*Ich habe mich stöhnen hören und dachte: Oh Gott. Ich lasse das möglichst gar nicht an mich heran. Als Schauspielerin bin ich ja nur die Projektionsfläche. Wer weiß schon, wie man beim Orgasmus guckt?*« Angesprochen auf ihren »absoluten Gott«, den dänischen Regisseur Lars von Trier und seinen Film »Breaking the waves«, dessen Liebesszenen viel direkter wirken als die rasend geschnittenen »Anatomie«-Großaufnahmen, gerät Franka trotzdem ins Schwärmen. »*Wo hat man das jemals mit so einer Liebe zu Menschen so direkt gesehen? Natürlich würde ich das spielen, wenn ich damit so einen Input haben und Menschen bewegen kann. Das würde ich viel eher spielen als irgendein TV-Movie, wo vor der Werbung noch mal Arsch und Titten rein müssen. Das ist Prostitution – das andere ist Kunst.*«

Für Paula beginnt da ein ganz neues Körpergefühl. Erstmals bemerkt sie Hautflecken, die nicht von Krankheiten, sondern vom Knutschen kommen.

Ähnlich überzeugend ist »Anatomie« immer, wenn sich Design und Spiel optimal ergänzen. Hein, der im Easy-Listening-Rhythmus geschmeidig auf Suche geht, zuerst freundlich lockend nach »Paula« ruft, um nach einer tänzelnden Drehung ungeduldig »PAULA!« zu schreien. Mitten in der furiosen Verfolgungsjagd: Frankas aus dem Halbschatten hervorragendes zur »Scream Queen«-Fratze verzerrtes Gesicht. Das sind Momente, die ebenso fesseln, wie jene Montage in der Paula die Zeugnisse ihres Großvaters von der Wand reißt und parallel dazu Heins Mordanschlag auf Grombeck in Heidelberg. In einem großen pathetischen Moment kulminieren die Konsequenzen von Paulas Suche nach Wahrheit. Sie bezahlt mit dem jahrelang verklärten Blick auf ihren Großvater. Der Professor bezahlt mit seinem Leben.

Wann immer sich »Anatomie« den Gefühlen seiner Hauptdarsteller nähert, weckt er Spannung. Die Antihippokraten jedoch hat Ruzowitzky wunderbar erfunden, aber mit seiner Roben- und Runen-verstopften Inszenierung banalisiert und entwertet. *»Da hätten sich ein paar Seitenhiebe gegen die pharmazeutische Industrie oder den Organspendehandel besser gemacht als eine Bande grau melierter Professoren, die bei Kerzenschein im Keller kungelt,«* schrieb die »taz« (3.2.2000), und dem ist kaum mehr hinzuzufügen.

»ANATOMIE« ALS EXPORTSCHLAGER

Die Mechanik des Marktes

Ob sie »Cascadeur«, »Straight Shooter« oder »Sieben Monde« hießen, die wenigen deutschen Genreversuche in Sachen Action/Horror hatten mehr Statisten als Zuschauer. Das Vorhaben »Anatomie« war ein Wagnis, und so leistete man schon während der Dreharbeiten öffentliche Überzeugungsarbeit. *»Wir bewarben unsere erste deutsche Produktion genau so, wie wir das auch von unseren*

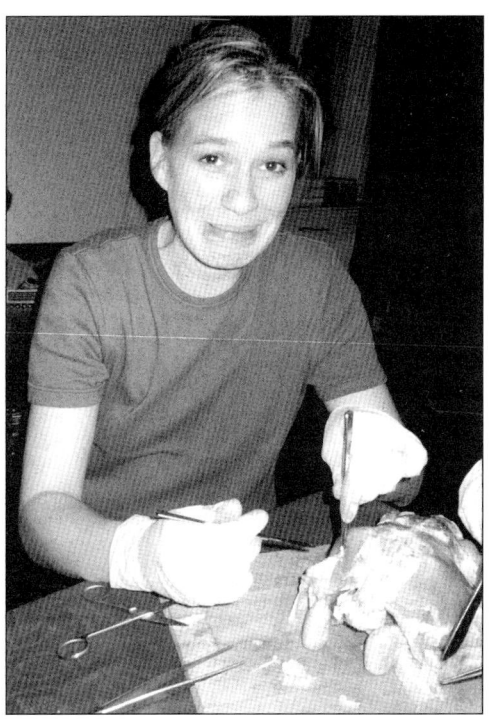

amerikanischen Produktionen gewohnt sind«, fasst Martin Bachmann zusammen, der damals für die »Anatomie«-Kampagne verantwortlich war. Das heißt, man richtete sie gezielt auf die Gruppe der 16- bis 25-Jährigen aus, fuhr neben der klassischen Plakat-, Funk- und TV-Werbung, vom Drehbeginn an aufbauend, eine starke Internet-Promotion. Das Plakat präsentierte einen Ensemblefilm mit Franka im Mittelpunkt. *»Schließlich war das ihre erste Hauptrolle nach ›Lola rennt‹, also ist sie auch prominent dargestellt. Aber wenn man den Film nur auf sie aufgebaut hätte, wäre das auch ein Fehler gewe-*

Sezierübung mit einem Hähnchen in Frankas Berliner Wohnung

202

sen.« Franka, Anna Loos (mit der man ein Abendessen gewinnen konnte), Benno Fürmann und der damalige Moderator von »Top of the Pops« Holger Speckhahn bedienten die verschiedenen Zielgruppen. Hip, jung und sexy sollte der Film sein, Vergleiche mit »Ich weiß, was du letzten Sommer getan hast« waren in dem Zusammenhang keine Beleidigung. Das dachte sich offensichtlich nicht nur das deutsche Publikum. »Anatomie« lief in über einem Dutzend Ländern, darunter Argentinien, Korea und die USA. Dort in Hollywood arbeitet Bachmann inzwischen bei der Mutterfirma der deutschen Columbia Filmproduktion und schätzt die Ausgangsposition für Frankas erste Auftritte in amerikanischen Filmen durchaus positiv ein.

»Gut möglich, dass auch zwei Jahre nach dem ›Lola-Boom‹ ihr Name hier Leute in die Kinos lockt. Trotz ihrer kleinen Rolle ist sie auch im Trailer von ›Blow‹ präsent. Das zeigt, dass man ein bisschen auch auf sie setzt. Außerdem ist sie in Deutschland sehr bekannt – das ist schließlich auch ein wichtiger Markt.«

Zur optimalen Vermarktung hat nicht zuletzt der prominent besetzte Soundtrack beigetragen. Rapperin Sabrina Setlur war gleich zu Filmbeginn kurz als Paulas Kommilitonin zu sehen. Wesentlich prägnanter geriet ihr musikalischer Beitrag »Alles«, der im Abspann zu hören ist und viel eleganter als die unterlegte letzte Spielszene auf eine mögliche Fortsetzung hinweist. Die zweite poten-

Anna Loos: »Frankie ist jemand, die gucke ich mir an, und dann denke ich: cool!«

zielle Hitsingle steuerte Gretchen-Darstellerin Anna Loos bei. Ihr Song »My Truth« war als Demo schon vorproduziert. Als sie ihn Stefan Ruzowitzky vorspielte, integrierte er ihn begeistert im Film und verschaffte der ausgebildeten Sängerin so einen Plattenvertrag. Ein Jahr später sollte »My Truth« dann schon in einer weiteren Claussen & Wöbke-Produktion erklingen: in Hans-Christian Schmids »Crazy«.

STAR OHNE GÄNSEFÜSSCHEN

Interview mit Produzent Jakob Claussen, 19. November 2000

Was ist das Besondere an der Schauspielerin Franka Potente?

Jakob Claussen: Glaubhafte Wandlungsfähigkeit hat in Deutschland momentan keiner so gut drauf wie Franka. Auch beim klar definierten Charakter des straighten Popcorn-Kinos von »Anatomie« fühlt man sich von Anfang an bei der Hand und auf eine emotionale Reise mitgenommen. Sie gibt ihren Rollen unterschiedliche Gesten und lässt sie auch noch komplett anders aussehen. Das, gepaart mit einer Liebenswürdigkeit als Person, Bodenständigkeit und Identifizierbarkeit für das normale Kinopublikum, macht ihren »Star-« – das brauche ich gar nicht in Anführungszeichen zu setzten – ihren Star-Charakter aus.

Paula hat allerdings zunächst nicht gerade typische Qualitäten einer Star-Rolle.

Man kann darüber diskutieren, wie gut oder weniger gut uns zum Beispiel ihre Perücke gelungen ist. Es war schon Absicht, dass die ein bisschen übers Ziel hinausgeschossen ist. Sie sollte ein bisschen trutschig sein. Trotz der Antipathie, die der Zuschauer dieser Streberin

»Kein RTL-Schrott«: Produzent Jakob Claussen vor einem Lichtwagen am Set

204

gegenüber empfinden muss, lassen sich die Leute auf sie ein, weil sie halt mit Franka besetzt ist.

Setzen sich die Spielregeln des Starsystems mittlerweile auch in Deutschland durch?

Die haben sich hier auch bei den Journalisten noch nicht so rumgesprochen. Franka Potente kann in »Schlaraffenland« kein Star sein, weil sie nicht die Hauptrolle spielt und weil ihre Rolle nicht die ist, die man gerne von ihr sehen will. Daraus zu schließen, sie sei kein Star, macht aber keinen Sinn. Costner und di Caprio sind auch nur Stars, wenn das Projekt entsprechend ist.

Wachsen die Gagen zeitgleich bei schnell steigender Popularität?

Bei so vielen Agenturen gibt es keine nachvollziehbaren, abgesprochenen Richtlinien. Man wundert sich teilweise, was für mittelmäßige Schauspieler an Gagen aufgerufen wird, im Verhältnis zu sehr etablierten oder Spitzenschauspielern. Das steht manchmal in keiner Relation. Aber Franka hat eine sehr gute solide Agentin. Bei »Anatomie« ist sie sehr fair und gut bezahlt worden. Sie gilt in Amerika bestimmt als heiße, interessante Schauspielerin, aber dort verdient sie sicher noch nicht so viel.

Können Sie sich Franka in einer lupenreinen Komödie vorstellen?

Wenn es eine trockene ist, in der sehr viel mit Timing und Wortwitz gearbeitet wird, mit einem guten Regisseur und Drehbuch, kann ich mir das absolut vorstellen. Ich kann mir nicht vorstellen, dass sie versucht, lustig zu sein. Aber, wie man schon bei Lubitsch sieht, ist das in den guten Komödien ja auch gar nicht gefragt.

»Anatomie 2«?

Daran arbeiten wir gerade, aber das geht von den Produzenten der Columbia aus. Wir werden 2001 drehen. Das wird wieder Horror gepaart mit Humor, aber obwohl nicht alle im ersten Teil gestorben sind, werden wir ganz neu besetzen. Franka könnte vielleicht einen kleinen Gastauftritt haben, aber das ist noch alles andere als spruchreif.

Interview: Ralf Krämer

DER KRIEGER UND DIE KAISERIN

Irgendwo da draußen wartet die Liebe

»Du siehst in mir immer nur die Kaiserin,
aber nie die Mutter deines Kindes!«
Sissi 1959

»Ich will wissen, ob sich mein Leben ändern
muss und ob du der Grund dafür bist.«
Sissi 2000

Wer am Wuppertaler Hauptbahnof in die Schwebebahn steigt, befindet sich in der Mitte einer Linie, die abwärts der Wupper Richtung Cinema führt, des Kinos, in dem Tom Tykwer seine Bestimmung entdeckte. Genau am anderen Ende derselben Strecke liegt die Kaiserstraße, wo man sich immer noch sehr lebhaft der Dreharbeiten entscheidender Szenen von »Der Krieger und die Kaiserin« erinnert. Ein Wochenende lang sei die ganze Straße abgesperrt worden, vor allem sonntags, erzählt ein Schuhmacher unweit jener Kreuzung, an der Sissi vom LKW erwischt wurde. »Klar ist man da gucken gegangen«, meint er und fügt leicht melancholisch an »war ja auch ein interessanter Film ...« Im Cinema am anderen Ende der Stadt spielen sie immer noch »Der Krieger und Kaiserin«, 15 Uhr nachmittags.

»BLICKE IM ÜBERMASS«

Berlin-Kreuzberg, 12. Februar 2001: Tom Tykwer über ...

... die Schauspielerin Franka Potente.

Tom Tykwer: Sie hat ein Erkenntnis-Interesse an dem Beruf und möchte mit Leuten zusammenarbeiten, die wirklich nach etwas suchen. Sie versenkt sich nicht nur in eine Rolle, sondern hat wirklich ein sehr starkes, intuitives Verhältnis zu der Art, wie ein Film wirken könnte. Sie gestaltet das Klima eines Films tatsächlich mit. Das macht natürlich jeder Schauspieler, aber bei ihr ist das ein sehr viel aktiverer Prozess. Sie beschäftigt sich mit dem Klima des Filmes so sehr, dass sie das Klima wird.

Manchmal merke ich, dass ein Blick etwas, was ich eigentlich über die Kamera oder die Musik erzählen wollte, viel besser erzählen kann. Diese Blicke kriegt man von Franka im Übermaß. Ich hab' manchmal keine Ahnung, woher sie das holt und was sie da macht. Ich weiß nur, dass es sehr gut ist *(lacht)*.

... Reaktionen auf Franka im Ausland ...

Tom Tykwer:
»Ich brauche Schauspieler, die Lust haben, von der Figur und ihrem Kontext ein ganz genaues Bewusstsein zu bekommen.«

Speziell in Nordamerika und Australien macht mich selber immer sprachlos, wie die Leute gerade auch in Bezug auf Franka in totale Ekstase versetzt werden. Wir hatten jetzt die Premiere von »Der Krieger und die Kaiserin« in Toronto. Bei Franka ist das Publikum derartig ausgerastet – ich habe wirklich gedacht, ich hole Michael Jackson auf die Bühne.

... die Rolle der Sissi.

Der Film hat etwas von einer Reifeprüfung. Man sieht wirklich, dass sie auch für so eine seltsame, verschrobene Rolle die richtige Ernsthaftigkeit hat. Es gibt in ihr tausend Verlockungen, ein bisschen alberner, ein bisschen skurriler zu werden. Aber Franka hat einfach versucht, daraus einen plausiblen Menschen zu machen. Auch wenn es eine Weile dauert, lässt man sich von ihr an die Hand nehmen und geht mit dieser komischen Type durch den Film.

Was schauspielerische Experimentierlust betrifft, sieht man auch schon eine Menge in »Bin ich schön?« Da hat sie schon sehr viele Nuancen angedeutet und ihr Mädchen-Image eigentlich hinter sich gelassen. Wie es schon in »Lola« sichtbar wurde, bringt sie als Sissi hier alles ein, was Star-Potenzial bedeutet: Sie prägt den Film mit der eigenen Persönlichkeit.

Fast eine Märtyrer-Pose: Sissi (Franka) stellt sich zwischen Otto und LKW

VON LOLA ZU SISSI

Tom Tykwer nahm das gemäßigtere Erzähltempo seiner ersten Filme wieder auf. Damit zwang er Kritiker und Publikum von der Hoffnung auf eine Fortsetzung des »Lola-Wunders« zurück zum persönlicheren Ausdruck, vom Konsens in die Kontroverse: »*Unter dem aufgeblasenen Konstrukt eines hochbegabten Regisseurs, der offenbar nichts zu erzählen hat*« würde vor allem Franka Potente leiden, schimpfte eine Kritik. »*Sie wandelt durch das Geschehen wie eine Schlafwandlerin, seltsam abwesend, seltsam abgehoben von der Realität, seltsam unecht*« (RGA). Allgemein überwog aber Lob bis Begeisterung: »*Tom Tykwer und sein bewährtes Team erfüllen mit ›Der Krieger und die Kaiserin‹ alle in sie gesetzten Erwartungen aufs Allerschönste*« (Süddeutsche Zeitung).

»Der Krieger und die Kaiserin« ist gezeichnet von einem freien Schöpfungswillen, dem der finanzielle Erfolg von »Lola rennt« erst die Möglichkeit zur Entfaltung gegeben hatte.

Zugleich wurde ein neues Kapitel der Beziehung von Franka und Tom Tykwer aufgeschlagen. Erstmals arbeitete sie über einen längeren Zeitraum gemeinsam mit ihrem Lebensgefährten:

»Die Luft kam nicht wieder. Dafür kam der Mann.« Sissi und Bodo (Benno Fürmann)

»Als Tom das Buch geschrieben hat, waren wir schon zusammen. Da von Anfang an klar war, dass ich die Sissi war, habe ich mich in Teilen auch eingebracht, habe die Figur immer wieder auch verteidigt. Das war ein ganz neuer Prozess.« Der setzte sich auch bei den Dreharbeiten fort: *»Weil man sich besser kennt, geht das schon über ein normales Regisseur-Schauspieler-Verhältnis hinaus. Man ist empfänglicher für die Stärken und Schwächen des anderen und kann sich noch weiter locken.«*

Mit einem Märchen meldete sich das Gespann Tykwer/Potente zurück.

VON ZWEIEN, DIE AUSZOGEN, SICH KENNENZULERNEN

In den Zeiten, wo das Wollen noch geholfen hat, gab es im Tal an den Ufern der Wupper eine nicht zu große Stadt, deren Straßenbahnen auf dem Kopf schwebten. Ein wenig außerhalb, die grünen Hügel herauf, lag ein mächtiges Heim für Kranke. Hier lebte die junge Pflegerin Sissi (Franka). Eine Waise, deren

Schrieb das Drehbuch und führte Regie: Tom Tykwer

blondes Haar so blass war wie ihr Gesicht. Alle mochten Sissi ob ihres freundlichen Wesens und weil sie jeden zu verstehen schien. Sie aber verstand sich am besten mit Otto (Melchior Beslon), einem blinden Jungen von hagerer Gestalt.

Eines Tages erhielt Sissi einen Brief von ihrer guten Freundin Meike (Natja Brunckhorst). Die lebte in einem schönen großen Haus an der steilen Meeresküste eines fernen Landes. Meike bat Sissi, ein Bankgeschäft für sie zu erledigen. Doch auf dem Weg in die Stadt geschah Furchtbares. Otto und Sissi überquerten gerade eine Straße, als ein Lastzug mit ungeheurer Geschwindigkeit auf sie zuraste. Sissi konnte gerade noch Otto zur Seite stoßen, aber für sie war es zu spät. Erst unter dem Lastwagen kam Sissi noch einmal zu Bewusstsein, und es wäre wohl das letzte Mal gewesen, wenn sich nicht ein flüchtender Dieb (Fürmann) unter dem Wagen hätte verstecken wollen. Er sah Sissi vergeblich nach Luft röcheln, schnitt ihr mit seinem Dolch ein Loch in den Hals, blies mit einem Halm Luft hindurch, rettete ihr so das Leben und war auch schon verschwunden. Nur ein Knopf seiner Jacke blieb in Sissis Hand zurück. Genesen spürte Sissi, dass sie nicht ruhen würde, bevor sie ihrem Retter nicht noch einmal gegenüber stehen konnte. Mit ihrem festen Willen, Ottos Gehör und dem Man-

Eben noch Bankangestellter in »Lola rennt«,
jetzt psychotischer Verehrer der »Kaiserin«: Lars Rudolph als Steini

telknopf fand sie ihn schließlich. Sein Name war Bodo, er wohnte mit seinem Bruder Walter (Król) in einer düsteren Hütte, einsam auf einem Hügel, oberhalb der Stadt.

Doch von Sissi wollte er nichts wissen. Bodo, im Herzen hart mit traurigem Blick, schickte sie wieder hinab in die Stadt. Als sei das noch nicht genug, lauerte ihr zu Hause ein verwirrter Patient auf, der sie mit geballter Faust zu Boden streckte.

Derart niedergeschlagen setzte sie sich auf ihr schmales Bett, nur mit dem Fernsehapparat als Gesellschaft. Er zeigte ihr das »Wunder von Mailand«, eine Geschichte, in der selbst die Sonne ihre Bahn nach den Wünschen des armen aber herzensguten Helden richtete. Wenn der das kann, warum sollte Sissi schon aufgeben? Erneut macht sie sich auf, um für ihr eigenes Wunder zu kämpfen ...

»Was willst du? Hau endlich ab!« **(Bodo zu Sissi)**

Das zumindest ist die verkürzte Geschichte der Sissi. Der Filmtitel nennt sie »Kaiserin«, aber offensichtlich ist sie nur im Detail mit ihrem (film-)historischen Vorbild verbunden. *»Ich finde eigentlich Romy Schneiders tragische Lebensgeschichte faszinierender als ihre Schauspielerkarriere. Ursprünglich sollte unsere Sissi ein richtiger Sissi-Fan sein und für diese ganz verträumte kitschige Liebesgeschichte schwärmen.«* So ist nur kurz im Hintergrund auf dem Nachttisch ein gerahmtes Foto von Romy Schneiders Sissi zu sehen. Wenn man davon absieht, dass auch die Elisabeth von Österreich der Ernst-Marushka-Filme in einem isolierten Lebensraum mit einer Kraft um ihr Glück kämpft, die weit über das Heimchen am Hof hinausreicht, schert sich »Der Krieger und die Kaiserin« nicht um den Adel. Keiner ist dem blauen Blut hier näher als Walter, der von Joachim Król gespielt wird. »Król« bedeutet nichts anderes als »König«.

Ein letztes großes Ding und dann ab nach Australien: die Brüder Bodo und Walter (Joachim Król, r.)

IRGENDWO DA DRAUSSEN WARTET DAS LEBEN

»Nichts als Liebesgeschichten« (Kölner Stadtanzeiger) habe Tom Tykwer bisher erzählt und *»natürlich ist auch dies die Geschichte einer Liebe«* (Süddeutsche Zeitung). Darin war sich die Presse von Anfang an einig. Die Werbe-Kampagne des Verleihs stand schließlich unter dem Motto *»Irgendwo da draußen wartet die Liebe, wenn du sie nicht findest, findet sie vielleicht dich.«*

Nach persönlichen Bezügen zu ihrer Rolle gefragt, erzählte Franka: *»Sissi ist in einer ganz anderen Lebenssituation als ich persönlich. Ich glaube zwar, dass der Mensch, wenn er sich verliebt, immer noch irrational ist. Erwachsene gehen damit aber anders um, weil sie erfahrener sind. Für Sissi ist das Ganze fremd. Sie hat keine Ahnung, wie es ist, sich zu küssen, sich mitzuteilen, sich hübsch zu machen oder mit jemandem zu schlafen. Ihr fehlt das Bewusstsein dafür. Ich persönlich bin schon sehr idealistisch, was Liebe angeht. Wenn ich in eine Beziehung reingehe, dann will ich, dass das unbedingt klappt.«*

Für Sissi hingegen liegt das Entscheidende woanders. »Der Krieger und die Kaiserin« ist zuallererst ein weit ausholendes Emanzipationsdrama. Also in unserem Fall vor allem ein Film, der Männerbeziehungen eines Mädchens auf dem Weg zur Frau exemplarisch abhakt.

Vor dem legendären Luftröhrenschnitt: Kamera, Sissi und Bodo unter dem LKW

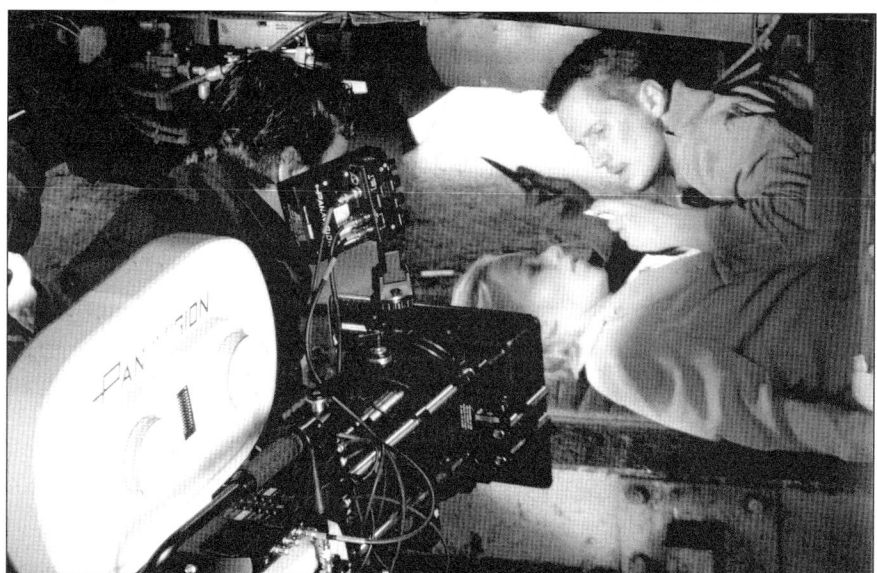

»NACHT, WERNER.«

Kein Wort, kein Dialog beweist, dass der etwas abseitige Herr Dürr Sissis Vater ist. Und doch ist er der einzige Patient, den sie mit Namen *an*spricht. Mit Vornamen. »Werner«, so wie Kindern der antiautoritären Generation abgewöhnt wurde, »Mama und Papa« zu sagen. Von Anfang an sorgt der von Ludger Pistor gespielte Patient für eine väterliche Komponente. Stets tritt er ins Bild, oft nur irgendwo im unscharfen Hintergrund, wenn der konkurrierende Patient Steini Sissi als »sein Mädchen« in Beschlag nimmt. Als erster registriert Herr Dürr die Veränderungen, die in Sissi vorgehen und kann ihr doch nicht helfen. Sehr spät und nebenbei scheint er in einer Gesprächsrunde die Aufklärung seiner Tochter in die Verantwortung der Heimleitung übergeben zu wollen: Dr. Thomas bittet um Kommentare zum »Sissi-Problem«. Herr Dürr meldet sich, was er sagt, geht unter, nur die Gegenfrage »*von welcher Liebe sprechen Sie denn?*« ist noch zu hören. Er versucht, auf Sissi achtzugeben. Bis hin zur klassischen »Tochter kommt zu spät nach Hause«-Szene. Er schlägt Sissi zu Boden, was sie müde kontert »*und, was war?*« Sie fixiert ihn, spricht mit ihm wie mit einem Kind und knippst beim Gehen das Licht über ihm aus. Sie entlässt ihren Vater, der ihr bis dahin wie ein Schatten gefolgt war, ins Dunkel.

Walter ist tot. Bodo (Benno Fürmann) rastet aus

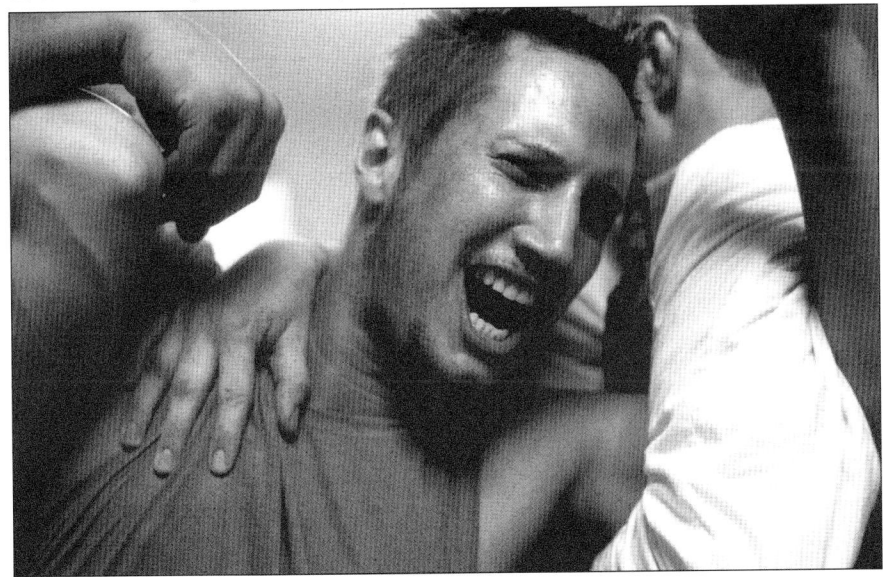

»NEIN, ICH BIN JETZT ZU MÜDE.«

Steini (Lars Rudolph) ist der einzige Heimbewohner, der seinen Bedürfnissen Ausdruck verleiht und mit der Brutalität der Verzweiflung ihre Befriedigung verteidigt. Zusammen mit seinem kindlichen Gemüt, das glaubt, man würde nicht gesehen, wenn man die eigenen Augen schließt, eine verführerische, gefährlich gestörte Mischung. Er hat Sissi zu »seinem Mädchen« erkoren, doch diese Gewichtung ihrer Beziehung ist einseitig. Sie holt ihm nachts unter der Bettdecke einen runter, als verabreiche sie eine unerlaubte Extraportion Schlafmittel.

Steini: *»Bitte, Sissi, du musst das verstehen, ich mein, ... ich musste das klarmachen ...«*

»DAS IST GÄNSEHAUT.«

Gleich zu Beginn wird spürbar, dass sich mit Otto (Melchior Beslon) und Sissi zwei Verwaiste gefunden haben. Sie zeigt ihm, wie man sich mit Eiswürfeln eine Gänsehaut verschafft.

Doch seinen Namen wird Sissi zum ersten Mal ausrufen, wenn er, im Notarztwagen, sie nicht mehr hören kann. Ihm bleibt nur der Schmerz über Sissis Entscheidung für die Freiheit und der Versuch, ihn mit selbstzugefügtem Schmerz zu betäuben. Das ist der tragischste Moment, und der Film leistet sich den Realismus, ihn nicht am Ende nachträglich zu relativieren. Er verliert Otto aus den Augen.

»ICH WOLLT' DICH WIEDERSEHEN!«

»Die Männer kommen nicht wieder. Ist 'ne alte Regel ... Scheißspiel. Aber nicht mit mir. Und nicht mit dir.« Ganz schön belastend, was Sissi von ihrer Mutter da beiläufig vermacht worden ist. Dieser letzte Satz wird ihr jeden Anflug ero-

Bodo: *»Du bist verrückt.«* **Sissi:** *»Ja, natürlich.«*

Neun Wochen Dreharbeiten hinterlassen Spuren

tischer Gefühle mit dem Schatten des Verrats verdunkelt haben. Darauf trifft sie Bodo, einen nach innen gebrochenen Mann, der zu seinem Schmerz eine fast kultische Haltung eingenommen hat, die sein Verhalten bis in die Träume hinein bestimmt und ihn letztlich zur Selbstrichtung geführt hätte. Sein Bruder Walter (Joachim Król in seiner unstoffeligsten Rolle, deren überzeugende Unerbittlichkeit nur Vergleiche mit Robert de Niro standhält) baut an einem Ersatzplan, der Flucht nach Australien.

Benno Fürmann, im Vergleich zum designten Anatomie-Gebaren kaum wiederzuerkennen, beschreibt »seinen« Bodo so: *»Auf keinen Fall will er Kontakt und Nähe zu anderen Menschen. Dabei kämpft er die ganze Zeit gegen sich selbst, ist eigentlich in Trance, einem Schockzustand. Bodo ist ein harter Charakter, der geht nicht zimperlich mit sich und anderen um, obwohl er innerlich ganz weich ist.«*

DIE REIFEPRÜFUNG

Keine Rolle war bisher so weit von Frankas eigener Persönlichkeit entfernt: *»Tom und ich erleben oft Situationen, in denen wir jemand Seltsames entdecken. Dann sagen wir uns: ›Stell dir vor, den würde man genau so in einem Film zeigen, das würde dir keiner glauben!‹ Zur Vorbereitung bin ich für eine Woche in eine Psychiatrie gegangen und habe da gearbeitet, mit den Leuten gespielt, sie rasiert, bin mit ihnen an die frische Luft. Das war schon 'ne irre Erfahrung, weil die Leute ja regelrecht von der Außenwelt weggeschlossen werden. Und ich weder so jemanden gesehen habe, noch einem zuvor begegnet bin. Ich habe mich wahnsinnig verunsichert gefühlt und Angst da drin gehabt, da kein Verhaltensmuster passt. Kein Rezept. Das hat mir am meisten für die Rolle gebracht. Ich habe gemerkt, wie sinnvoll es ist, Sissi zu sein«*

Franka im Interview mit Frank Magdans, rga-online

Nach den Worten Benno Fürmanns ist *»Sissi ein Wesen, das sich von vielen Menschen dadurch abhebt, dass sie sich eine große Naivität bewahrt hat. Keine dümmliche Naivität, sondern die eines Kindes, alles zum ersten Mal erleben zu dürfen. Sie hat einen sehr weiten Horizont, kann unheimlich viel als normal annehmen, weil sie mit Leuten groß geworden ist, die geistig verwirrt sind und eine andere Wahrnehmung haben. In ihrem Kopf hat sie nie Grenzen kennengelernt, die einschränken würden, wie die Welt auszusehen hat.«*

Sissi ist in erster Linie ein Kunstprodukt, *eine »Figur, wie aus Lehm gebaut«* (Franka bei Nachtkultur mit Willemsen). Trotzdem muss sie sich glaubwürdig in einem realistischen Umfeld mit sehr realen Emotionen behaupten. Inwieweit das gelingt, ist weniger Geschmacks-, eher Gefühlssache, hängt nicht zuletzt von der Haltung, dem Fassungsvermögen des Zuschauers ab. Unstreitbar ist Frankas Leistung, diese Rolle konsequent durchzuhalten. Regelbestätigende Ausnahmen inklusive. Wenn man zum Beispiel Sissis und Bodos viel gerühmten Sprung vom zwölf Meter hohen Dach sieht, ist der Realismus wohl nur um den Preis der aus ihren Rollen-Bahnen entgleisenden Gesichtszüge zu bekommen. Das wäre auch Schauspielern, die nicht wie Franka an Höhenangst leiden, passiert.

Soviel Überwindung das die Springer gekostet hat (Franka: *»Ich finde, Menschen gehören auf den Boden. Schon der Gedanke, von diesem Dach springen zu müssen, war Horror«*), verlangt auch vor allem eine Szene etliches vom Zuschauer: Als Sissi dem von Ottos vorgetäuschten Anfall in Verlegenheit gebrachten Waffenhändler Schmatt (Jürgen Tarrach) ihre Bedingungen mitteilt, ist ihre

Früher Kameraden, jetzt Komplizen: Bodo, Schmatt (Jürgen Tarrach, Mitte) und Walter

bis dahin dünn kindliche Kopfstimme in einen festen bestimmenden Brustton umgeschlagen. Mit einem Wimpernschlag wirkt sie um zwanzig Jahre gereift. Wem solche Persönlichkeitsschwankungen fremd sind, wird es schwer haben, sie als wahr zu empfinden.

Mehrfach hat Franka, nach ihren Traumrollen befragt, von Lars von Triers «Breaking the Waves» geschwärmt und gleichzeitig bedauernd festgestellt, dass es solche Rollen hierzulande wohl nie geben wird. Nur fünf Jahre nach Triers fast autistisch der eigenen Welt ausgelieferten Beth, hat Franka sich mit ihrer Sissi-Rolle auf erstaunliche Weise widersprochen: *»Ich liebe diesen Film. Egal, was passiert, ich hatte eine wunderbare Arbeit.«*

»Der Krieger und die Kaiserin« wurde ein Film, der das Wagnis eingeht, den Zuschauer bei seiner Suche nach Identifikation auf sich allein zu stellen. Seine Figuren kommen einem nicht schneller entgegen, als es die Handlung gestattet. So baut sich in allen Bereichen eine geheimnis- und verheißungsvolle Atmosphäre auf, die sich am besten mit einem musikalischen Mittel beschreiben lässt, dem Vorhalt (dessen englische Entsprechung »Suspension« wiederum die Nähe

Als hätte Sissi es bei der »tödlichen Maria« gelernt:
Tom Tykwers Heldinnen hören mehr, als alle anderen

zu Tykwers wohl größtem Vorbild und Meister der »Suspense« Alfred Hitchcock beweist). Es geht um einen Ton, der den Eintritt einer (zu erwartenden) Melodie oder eines Akkordtones verzögert. So populär wie plastisch ist das im Welthit »Eternal Flame« von den Bangles nachvollziehbar. Text und Melodie steuern stets auf den gleichen Höhepunkt »Flame« zu, der aber nur einmal voll ausgekostet, sonst gebrochen wird, durch kleine Zeitverzögerungen, Wechsel des Tongeschlechts oder auch nur durch verminderte Dynamik. Zu guter Letzt hat dieses Flirren im Spannungsfeld von Erwartung und Erfüllung seine Klangentsprechung auf der Tonspur zum Banküberfall gefunden: im Klavierstück des im Jahr 2000 verstorbenen estnischen Komponisten Lepo Sumera.

»*And if you don't trust me, there's no way to fly.*«
(Franka in »Fly with me«, ihrem Beitrag zum Soundtrack)

»THE PRINCESS AND THE WARRIOR«

»*Ich habe es selbst erlebt, eine Liebe zu entdecken, die erst mal nicht erreichbar scheint und dann ungekannte Ausdauer zu entwickeln und ihr geradezu penetrant hinterherzulaufen*« (Franka).

Liebe als Auslöser einer Selbsterlösung findet sich schon in Tom Tykwers erstem langen Kinofilm. Die Parallelen reichen bis in die Ausstattung. Es scheint logisch, dass Franka, jene junge Schauspielerin, die wegen der »tödlichen Maria« Kontakt zu Tom Tykwer aufnahm, Jahre später für ihn in eine ähnlichen Rolle geschlüpft ist.

In fünf Jahren ist Franka vom neuen Gesicht des jungen deutschen Films zur instinktsicheren Aufspürerin neuer Herausforderungen gereift, der sie sich mit Ernst und Leidenschaft stellt, ohne im Idealfall die selbstverständlich wirkende Natürlichkeit ihrer Anna aus »Nach fünf im Urwald« zu verlieren.

Auf die Frage, was sie am meisten gebraucht habe, um dorthin zu gelangen, wo sie jetzt steht, und was sie braucht, um es zu bewahren, sagte Franka der »Süddeutschen Zeitung«: »*Zweimal die gleiche Antwort: Mut. Man kann nur noch mutiger werden. Und auch, wenn es banal klingt, die Dankbarkeit geht an meine Eltern zurück. Sie haben mir Wachheit, Neugier und Respekt mitgegeben. Und einen Vertrauensvorschuss. Andere werden aus Widerstand oder Überlebenskampf Schauspielerin, und lange Zeit habe ich gedacht, mir hätten diese Widerstände gefehlt, doch nein, es gibt auch diesen anderen Weg.*«

Ein Weg, der sich auch nach »Lola rennt« auf der anderen Seite des Atlantiks als gangbar erweisen sollte. Schon Monate vor dem US-Start von »The Princess and the Warrior« wurde sie dort als »*Mensch gewordener special-effect*« (»Elle«) bejubelt, und man registrierte Frankas Kontinente übergreifende Wirkung: »*Ihr Gesicht, das Gesicht, ist die Reaktion des Publikums – so sehen wir auf der Leinwand uns selbst und werden umso mehr in ihren Bann gezogen.*«

Hollywood konnte kommen.

BLOW

Franka goes to Hollywood

»Do you need some help?«
Barbara

Die bekannteste Rock-Gitarre der Welt brettert durch den Kinosaal, zum gewaltig schleppenden Rhythmus der Rolling Stones erscheint eine Kokaplantage auf der Leinwand. Der Filmtitel »Blow« dreht sich zum Publikum, in seinen Lettern erscheint die US-Flagge und Mick Jagger schreit: »Can't You Hear Me Knocking?« Für den ersten Auftritt in einem Hollywoodfilm hätte kein Drehbuchschreiber der Welt einen schöneren Vorspann schreiben können.

Franka klopfte nicht lange, sie war nicht zu überhören. Ein gutes halbes Jahr nach dem US-Filmstart von »Run Lola Run« stand sie am kalifornischen Strand vor Ellen Kuras Kamera, die vorher unter anderem für Spike Lee, Sharon Stone und Lily Taylor im Einsatz gewesen war. Drehbuch von David McKenna (»American History X«) und Nick Cassavetes (»She's so lovely«, »Im Körper des Feindes«), dem Sohn der Independent-Regie-Legende John Cassavetes.

Regie: Ted Demme (Neffe des »Schweigen der Lämmer«-Regisseurs Jonathan Demme), in dessen Filmen von »No Panic« bis »Lebenslänglich« so unterschiedliche Stars wie Kevin Spacey, Natalie Portman, Uma Thurman, Eddie Murphy und Matt Damon zu sehen waren.

Hauptrolle: Johnny Depp.

»Blow« basiert auf dem gleichnamigen Buch von Chris Porter, der darin die wahre Lebensgeschichte von George Jung erzählt, über dessen Handelsrouten laut »Newsweek« zeitweise 90 Prozent des in die USA geschmuggelten Kokains gelaufen sein sollen.

EIN AMERIKANISCHER ALPTRAUM

Boston will man verlassen, wie jeden Ort, aus dem man glaubt, herausgewachsen zu sein. George Jung (Johnny Depp) hat hier alles gehabt: Apfelkuchen und Baseball, eine frustrierte Mutter (Rachel Griffiths), einen traurigen tollen Vater (Ray Liotta).

In Kalifornien bekommt er mehr: Freiheit, Sonne, Strand und Freundin (Franka). Sie heißt Barbara, ist rotblond, trägt Bikini, arbeitet als Stewardess und ihr erster Satz sollte sich als ein wegweisender herausstellen: »*Do you need some help?*« Klar braucht er Hilfe. Barbara stellt ihn Derek (Paul Reubens, Hauptdarsteller von Tim Burtons Filmdebüt »Pee Wees irre Abenteuer«) vor, einem mit Gras handelnden Friseur. Aus dessen Bauchlädchen wird mit Georges Verkaufstalent ein florierendes Geschäft. Barbara übernimmt auf ihren Flügen die ersten Lieferungen an die Ostküste. Geld fließt in Strömen. Die guten Zeiten enden, als Barbara an Krebs erkrankt und kurz darauf stirbt.

Im Knast knüpft George neue Kontakte, steigt in den Kokain-Handel ein und wird exklusiver US-Verbindungsmann von Pablo Escobar (Cliff Curtis), dem Chef des kolumbianischen Medellin-Kartells. George spannt einem Geschäftspartner die Verlobte Mirtha (Penelope Cruz) aus, gehört damit quasi zur Familie. Eine Tochter wird geboren. Doch Kokskonsum, Eifersucht und Verrat untergraben das Luxusleben. Und wenn wir fallen, fallen wir tief ...

AMERICAN JÄGERMEISTER

»*Ich mochte das Mädchen, das Barbara gespielt hat. Aber wer ist sie?*« Das haben amerikanische Journalisten Franka im Interview gefragt. Wer an so einem Interviewtag von Hotelzimmer zu Hotelzimmer geschoben wird, um in fünf Minuten pro Schauspieler das herauszulocken, was einem in der Redaktion gierig aus den Händen gerissen werden soll, verliert schon mal den Überblick. Einerseits. Andererseits ist es Barbaras langer rotblonder Perücke zu verdanken, dass sie kaum einem als »*die Franka Potente, die Lola gespielt hat*« auffallen dürfte. Zudem sorgt die Erzählstruktur des Films dafür, dass Barbara in der ersten halben Stunde sehr präsent ist, dann vergehen noch mal zwanzig Minuten, bis die eigentliche weibliche Hauptrolle Mirtha zum ersten Mal erscheint und kurz vor Schluss, nach einer weiteren Stunde, hat man Barbara fast völlig vergessen.

Das eröffnet die Chance, die Schauspielerin Franka Potente in den USA zum zweiten Mal als Newcomerin zu entdecken.

Ein so bescheidenes wie wirkungsvolles Hollywood-Debüt: In den ersten zehn Wochen hat »Blow« in den US-Kinos über 50 Millionen Dollar eingespielt, und hierzulande sorgte Frankas Filmpartner vom Drehbeginn im Februar 2000 an für höchste Aufmerksamkeit. »*Wie war es, Johnny Depp zu küssen?*« dürfte in der Hitliste der am häufigsten gestellten Fragen »*Wie ist es, wenn der eigene Freund der Regisseur ist?*« auf Platz zwei verwiesen haben.

Dabei stand nur ein romantisches Gespräch im Drehbuch. Als Ted Demme Franka mitteilte, daraus eine Kuss-Szene machen zu wollen, bat sie ihn, es noch einmal vorzuschlagen, wenn Depp dabei ist. *»Weil ich wollte, dass er es quasi offiziell mitbekommt und nicht denkt: Die Alte will sich hier einen Kuss klauen.«*

Kurz vor besagtem Take kam das große Flattern, dem Franka an der Bar den Garaus machen wollte. In der Drehpause bestellte sie sich einen Jägermeister, der für amerikanische Caterer wohl eher zu den exotischen Getränken zählen dürfte. Prompt bekam sie keinen Kurzen sondern ein volles Glas eingeschenkt. *»Ein wenig beschwipst«* kehrte Franka zum Set zurück. Ted Demme sagte *»Action«*, und *»dann habe ich das ganz gut hingekriegt.«*

LONESOME PRISON BLUES

»Blow« bleibt keine Romanze im »Beach Boy«-Millieu. Demme: *»Es ist eine unglaublich tragische Liebesgeschichte, aber zugleich atmet die Story auch die Spannung, Spaß und Gefahr, weil sie vor dem Hintergrund von Sex, Drugs und Rock'n'Roll angesiedelt ist – und das in einem Abschnitt der jüngeren amerikanischen Geschichte, der von Transformationen geprägt war. Der Zeitgeist wechselte vom Kiffen zum Koksen, von Unschuld zu Zynismus.«*

Franka gefiel besonders, *»dass das Skript weder George Jung noch die anderen verurteilt, sondern als menschliche Wesen präsentiert.«* Der echte George Jung sitzt voraussichtlich bis 2014 hinter Gittern. Johnny Depp hat ihn dort besucht: *»Auf gewisse Weise erinnerte mich George an mich selbst, als ich jung war und mit der Schauspielerei begann. Ich wollte das nicht zu meinem Lebensinhalt machen, doch auf einmal verdiente ich obszön viel Geld, wurde von der Unterhaltungsmaschinerie mitgerissen, und zunächst wusste ich gar nicht, wie das zu stoppen sein könnte. Ich schätze, George ging es ähnlich. Natürlich realisiert er heute, dass er sehr schwere Verbrechen begangen hat, aber damals stürzte er sich lediglich in eine vielversprechende Zukunft. Auf jeden Fall empfinde ich viel Verantwortung für den Mann, denn er steckt in einer Zelle, während wir sein Leben ins Kino bringen.«*

Ein Foto vom echten George Jung steht dann auch am Anfang des Abspanns. In diesem starken, fast sentimentalen Moment wird die schwächere Seite des Films deutlich. »Blow« deckt in einzelnen Szenen bestechend Strukturen auf und skizziert das persönliche Dilemma so sparsam und wirkungsvoll mit einem Blick, einer Einstellung, dass er Vergleiche mit »Traffic« und »The Insider« nicht zu scheuen braucht. Hin und wieder ermüdet Demmes respektvoller Blick jedoch,

der seinen Protagonisten wortwörtlich stets so nahe rückt, dass man ihnen nicht ausweichen kann, aber fern genug bleibt, um Intimitäten zu vermeiden.

»*Aufgeblasen: Johnny Depp trägt schlechte Perücken, um einen 70er-Jahre-Kokain-König in einer manchmal lachhaften Biografie zu spielen*«, schrieb die »San Francisco Chronicle« launisch. Die überwiegende Kritiker-Mehrheit äußerte sich jedoch positiv: »*Blow, ehrgeizig, dreckig und berstend vor Gefühlen, die nicht immer einen schlüssigen Ausdruck finden, kommt wahrer Größe sehr nah. Er bleibt einem nicht nur im Gedächtnis, er hinterlässt dort Wunden*« (US-«Rolling Stone«).

Und Franka ist »*der deutsche Star*«, dessen rote Haare diesmal »*natürlicher aussehen als in ›Run Lola Run‹*«. Von wechselnden Frisuren ist man anscheinend beiderseits des Atlantiks fasziniert.

Auch wenn die charmant melancholische Kleinstadtstory »Beautiful Girls« von 1996 bis auf weiteres Ted Demmes stimmigster Film bleiben wird, ist »Blow« doch ein sehr sehenswerter Film. Getragen von einem überzeugenden Darsteller-Ensemble, erzählt er als breites Sittengemälde von der dunkleren Seite einer Epoche, die heute fast nur noch als Quelle unbeschwerter Flower-Power-Revivals wahrgenommen wird.

Und schon ist man ganz selbstverständlich dabei, über »Blow« zu schreiben, wie über jeden Film auch. Aber noch vor zwei Jahren wäre man weinend zum Augenarzt gerannt, wenn man den Namen Franka Potente zwischen denen von Johnny Depp und Ray Liotta auf der Leinwand gesehen hätte. Was war passiert?

VOM KLINKENPUTZEN

Von der ersten LP der Rock-Pioniere Velvet Underground heißt es, dass sie bei ihrem Erscheinen zwar ein kommerzielles Desaster war, aber jeder, der sie gekauft hat, soll daraufhin eine eigene Band gegründet haben. Bei »*Run Lola Run*« scheint es in den USA einen ähnlichen Effekt mit umgekehrten Vorzeichen gegeben zu haben. Für einen deutschen Film waren die sieben Millionen Dollar Kinokasse zwar sensationell, aber man darf nicht vergessen, dass sich dort ein potenzieller Hit erst jenseits der 100-Millionen-Dollar-Marke zum Blockbuster entwickelt.

Mit anderen Worten, relativ wenige Amerikaner haben »Run Lola Run« im Kino gesehen, aber jene, die ihn gesehen haben, reagierten wie Ted Demme: »*Ihre Präsenz in ›Lola rennt‹ war so stark, ich musste einfach mit ihr arbeiten*«

(»Details« Januar/Februar 2001). Wenn sie gerade keine Rollen zu vergeben hatten, ließen sie ihrer Begeisterung in Interviews freien Lauf: Sigourney Weaver und Winona Ryder beispielsweise. Im Sommer 1999 war »Run Lola Run« der Hype der Filmszene. Jetzt musste dafür gesorgt werden, dass Franka mit dem Bekanntheitsgrad ihrer Filmrolle gleichziehen konnte.

»Darf ich Ihnen Franka Potente vorstellen?«

»Franka wer?«

»Potente. Sie wissen schon, Lola!«

»Ah, toller Film. Nice to meet you!«

Um solcherlei Smalltalk zu führen, klappert man Stehempfänge, Partys und Studios ab. *»Ich bin dort in Situationen gekommen«,* erzählte Franka dem Spiegel, *»die ich in Deutschland noch nie erlebt hatte. Etwa dass ein Produzent sagt: Sorry, ich habe leider keine Rolle für dich. Dabei wollte ich überhaupt keine Rolle von dem – ich war nur von meinem Manager dahin geschickt worden, weil ich hallo sagen sollte. Ich war bei allen großen Studios, bei irgendwelchen Executive Producers, wo ich bis heute nicht genau weiß, was die eigentlich machen.«*

»Blow«-Premiere in Los Angeles

Ein Jahr zuvor in Berlin hatte Franka noch erzählt, wie sie während der Premiere von »Bin ich schön?« einen Schauspielerkollegen im Foyer traf, der es im Kino nicht mehr ausgehalten hatte. »Scheißfilm« schimpfte er. *Das ist doch endlich mal eine Reaktion!*« entgegnete Franka, deren Freude über eine ehrliche Äußerung größer war als die Enttäuschung über das eindeutige Urteil.

Wen Schwammigkeit nervös macht, wer »*ungern Leute trifft, wenn es um nichts geht*« und Privates lieber vom Beruflichen trennt, der muss die »Meet and Greet«-Mentalität Hollywoods mindestens unbehaglich finden.

Aber es lohnte sich. Nicht unbedingt das Treffen mit dem legendären Autor von »Taxi Driver« Paul Schrader, der wenig nüchtern mit offenen Augen einschlief. Independent-Urgestein Jim Jarmush, einer von Frankas favorisierten Regisseuren, ließ gleich mehrere Termine platzen. Das mag daran gelegen haben, dass Jarmush, wie er im Interview Ende '99 erzählte, »Run Lola Run« von Freunden empfohlen bekommen, aber selbst noch nicht gesehen hatte. Franka jedenfalls verlor die Lust. Sie kontaktierte den exzentrischen Jung-Regisseur Tod Sollondz, dessen menschliche Groteske »Happiness« es ihr angetan hatte. Sollondz lud sie ein, auf den Set seines neuen Films »Storytelling« zu kommen, in dem Franka dann sogar einen kurzen Gastauftritt bekam.

Instinktsicher lehnte Franka Rollen wie die der Gegenspielerin Arnold Schwarzeneggers in »The 6th Day« ab: *»Das Action-Genre ist nicht so mein Fall. Ich hätte schon Arbeit gebraucht – ich hatte ein halbes Jahr nicht gearbeitet –, aber manchmal muss man Nerven behalten und noch etwas länger warten ...«*

Dann, im November '99, erzählte ihre Agentin in L.A., dass es da »*einen wahnsinnig netten Regisseur gäbe*«, der sie gerne treffen würde. Etwas verwundert sagte sie zu, nicht ahnend, dass es um eine Rolle gehen würde. Bei mehreren Studios hatte Franka die Erfahrung gemacht, dass Produzenten eher an dem Regietalent Tom Tykwers interessiert waren und nach eigenen vergeblichen Versuchen nun seine Freundin als Mittlerin einschalten wollten. Auf Dauer ein ebenso durchschaubares wie enervierendes Manöver. Ted Demme erschien auf den ersten Blick sympathisch, aber als er sie nun in ein japanisches Restaurant ausführte, war seine erste Frage: *»Also, was macht dein Freund denn gerade so?«* »Schon wieder so'n Scheiß!«, dachte Franka. Sie wurde merklich distanzierter. Demme war irritiert. Er hatte nur ein wenig Konversation führen wollen. Erst als er nach dem Drehbuch fragte und wie es ihr gefallen hätte, klärte sich das Missverständnis. Franka war mit ihrem Bruder unterwegs, hier in L.A. sahen sie sich ein Basketballspiel an auf Einladung von »Lakers«-Fan Dustin Hofmann. Davor waren sie in New York, wohin das Drehbuch geschickt worden war und Franka knapp verpasste.

Demme erzählte kurz, worum es geht. Die Rolle wäre die erste Freundin von dem Hauptdarsteller. Auf die Frage, wer das denn sein würde, druckste Demme herum und murmelte »*I don't know, if you guys know him ... Johnny Depp?*« Mühsam riss sie sich zusammen und entgegnete cool: »*Naja, ich kann das ja mal lesen ...*«

Doch auch nach der Lektüre von »Blow« zögerte Franka noch. Sie vermutete – zu Unrecht, wie sich später herausstellen sollte –, dass sie beim ersten Dreh an einem amerikanischen Set von lauter Unbekanntem verunsichert sein würde. Da wollte sie »*lieber einen Regisseur, der wenigstens lustig und umgänglich ist.*« Ted Demme schien so einer zu sein, aber wer ist sich nach einem Treffen da schon sicher?

Dann waren Franka und ihr Bruder Stefan bei Demme zu Hause eingeladen: »*Es wurde Boxen im Fernsehen geguckt und gegessen.*« Auf dem Weg zurück sagte Stefan die entscheidenden Worte: »*Hm, ich glaub', du bist hier in guten Händen.*«

FRANKA POTENTE

Die neue Lola

»Ich brauche diese Energie am Set,
wenn ich im Mittelpunkt stehe.
Erst dann kann man Höchstleistungen bringen.«
Franka

Sie würde sich »alt-jung« fühlen, beschreibt Franka Potente ihr Leben zwischen Dülmen und Hollywood. Bevor wir einen Blick auf die Lolen der Filmgeschichte werfen, schildert Franka ihr Leben hinter den Kulissen des Filmgeschäfts.

Franka im Tierpark Berlin (Sommer 2000)

»ICH MUSS MICH EIN BISSCHEN EINSCHRÄNKEN.«

Berlin-Kreuzberg, März 2001, Franka Potente über...

... das Altsein, wenn man jung ist.

Franka Potente: Ich lebe beides. Dieses »alte«, manchmal auch erschöpfte Gefühl kommt daher, dass ich ziemlich schnell – fast von heute auf morgen – mit einem »neuen« Leben klarkommen musste und mit allem, was das an Verantwortungen und Erwartungen an dich so mit sich bringt. Man muss schnell lernen, auch über die schauspielerische Arbeit hinaus – viel von sich zu geben – oft Leuten (Regisseuren, Journalisten usw.), die man eigentlich gar nicht kennt. Man muss lernen, eine gewisse Verantwortung für Situationen – sei es Probleme in der Arbeit, Diskussionen über dies und jenes, Interviews etc. – bei denen man meistens auch noch im Mittelpunkt steht, anzunehmen und dann verantwortungsvoll damit umzugehen. Dabei ist eine Mischung aus Toleranz, ein damit verbundener Perspektivwechsel, manchmal auch Nachsicht aber auch Egoismus wichtig – dies muss man aber eigentlich erst mal lernen auszutarieren, das kann

Franka mit Tom Tykwer in New York (1999)

man nicht gleich. Man möchte und muss in vielem »perfekt« sein, erstens weil es ein Stück weit von einem erwartet wird – man bewegt sich da ja auch in einer totalen »Erwachsenen-Welt« – und weil man sich selbst auch den Druck macht, dass man das alles so gut wie möglich machen will.

Ich empfinde das oft immernoch als wahnsinnig »erwachsen« – viel erwachsener meistens, als ich eigentlich bin. Ich gehe die daraus oft resultierende Überforderung mit gesundem, westfälischen Pragmatismus an – aber dennoch wird man immer »trainierter« –, und das meine ich mit diesem »sich alt fühlen«.

Jung stimmt aber gleichzeitig auch. Das bin ich vor allem privat, in der Freizeit, mit Tom. Das ist unter Freunden, in »Nischen«, wo man eben nicht im Mittelpunkt steht. Wo Dinge, die man sagt, nicht auf großer Ebene Gewicht haben. Da bin ich eben, sagen wir unbeschwerter, mit Freiheit im Kopf, die mir sagt: Du kannst auch alles anders machen! Mach' das, worauf du Lust hast!

... Klischeedenken.

Ich muss mich ein bisschen einschränken. Es ist ja nur eine Frage, was ist man bereit auszuhalten. Natürlich kann ich oben ohne hier im Freibad liegen, klar

Die Filmfestspiele Venedig aus Frankas Perspektive (2000)

kann ich das, ich kann auch total bescheuert angezogen in eine Disco gehen. Nur dann steht's morgen vielleicht in einer Zeitung.

Natürlich mache ich alles Alltägliche und Banale, was man halt so macht, und habe gemerkt, dass die Leute gar nicht denken, dass ich so etwas täte und bleibe daher völlig unbehelligt. Ich gehe auch im Supermarkt einkaufen. Aber wenn ich dann mit zwei Tüten und völlig normal angezogen da längstkomme, sind die Leute vielleicht irritiert, weil sie denken, sie haben mich doch schon mal irgendwo gesehen.

Die Leute würden nicht darauf kommen, ich wäre Franka Potente, weil sie denken, ich gehe nur beim »Käfer« in München einkaufen oder lass mir die Sachen nach Hause bringen. Dieses falsche Denken der Leute ermöglicht mir viele Nischen, ins Prinzenbad zu gehen im Sommer, was ich immer mache oder abends einfach in eine »Normalokneipe« zu gehen – eben nicht in die »Hipläden«. Weil die Leute Opfer ihres eigenen Klischeedenkens werden.

Ich meide Orte, die offensichtlich sind, bestimmte Bars, Szenekneipen, Gourmet-Tempel, in die man manchmal halt gehen muss, aber da würde ich privat nicht hingehen. Die wenige Zeit, die ich überhaupt privat habe zu Hause, muss ich mir das nicht geben.

Franka mit ihrem Vater Dr. Dieter Potente in Berlin (Frühjahr 2001)

... Leben in Hotels.

Ich bin 60 Prozent des Jahres nicht da, sondern wohne im Hotel, was auch okay ist, hab' ich mich auch dran gewöhnt. Das war am Anfang auch hart. Man versucht halt einen Teil seiner kleinen Welt mitzunehmen. Da kommt man sich auch älter vor, du willst eben auch einfach mal bei deinen Freunden sein oder so. Viele meiner Freundinnen waren noch nie länger als eine Woche von ihrem Freund getrennt. Also auch in der Beziehung muss man sehr verantwortungsvoll und aufmerksam sein. Manchmal muss man sich auch zusammenreißen, wenn man eigentlich Heimweh hat. Das wird nie anders sein, weil wir beide unsere Arbeit lieben, daran muss man sich gewöhnen.

Ganz hart war »Blow«: Ich war drei Monate in L.A. Nur zur »Anatomie«-Premiere bin ich einmal für zwei Tage nach Deutschland geflogen. Der Tom konnte leider nicht nach Amerika kommen, weil er »Krieger und Kaiserin« geschnitten hat. Es erfordert mehr Organisation auch im Privaten. Ich erorganisiere mir vieles. Meine Eltern sehe ich auch nur deshalb öfter, weil ich die regelmäßig zum Drehort einfliege.

Interview: Klaus Rathje

LIEBLING DER SAISON

Der vielleicht fescheste Filmpreis der Welt

22. Juni 2001, Berlin-Mitte. Vom Hotel Adlon bis zur Oper unter den Linden herrscht Pendelverkehr. Luxus-Limousinen kutschieren kamerawirksam die halbe deutsche Filmszene zum roten Teppich. Auf dem Weg zur Verleihung des Deutschen Filmpreises wird nach Kräften Hollywood imitiert: Reporter verstellen vorzugsweise den Nominierten mit Fragen nach der Garderobe und sonstigen Befindlichkeiten den Weg. »*Natürlich bin ich nicht aufgeregt!*« gibt Franka an Tom Tykwers Seite ironisch zu Protokoll, um dann mit westfälischem Schalk in der Stimme zu korrigieren »*Klar bin ich aufgeregt ... Bin doch nominiert, will doch gewinnen!*«

Der Star des Abends sollte dann Moritz Bleibtreu mit zwei Preisen werden, Katrin Sass wurde als beste Hauptdarstellerin ausgezeichnet. »Der Krieger und die Kaiserin« erhielt aus der Hand von Frankas zukünftiger Regisseurin (und Sissis Freundin Meike) Natja Brunckhorst den Filmpreis in Silber. Und doch war Frankas populärste Rolle an diesem Abend in aller Munde. »Lola« besang zu Beginn der Münsteraner Götz Alsmann, »die schöne Lola« schwärmte Hannelore Elsner und sah ihr mitten ins Gesicht: der goldenen Statue in ihren Händen. Jahrzehntelang war der deutsche Filmpreis ein um Nichts gewundenes Band. Im Jahr 2000 tauschte man dieses Nichts gegen eine so goldene, wie glatzköpfige Statue. Im Jahr 2001 bekam sie nun einen Namen. Das Publikum durfte wählen und entschied sich mit überwältigender Mehrheit (70%) für »Lola«.

Der »Oscar« soll seinen Namen erhalten haben, weil jemand beim Anblick des Academy Awards an einen Onkel Oscar erinnert wurde. »Lola« hingegen gehört zu den häufigsten Frauennamen im Film, weit über fünfzig führen ihn im Titel. Dass die Wahl auf ihn fiel, ist wohl in erster Linie dem nachhaltigen Eindruck von »Lola rennt« geschuldet. Doch im Kontext zweier weiterer »Lola«-Filme der deutschen Filmgeschichte lassen sich Gemeinsamkeiten und Gegensätze finden, die deutlich machen, welch komplexes Erbe die goldene Lola angetreten hat.

Eine kurze Geschichte der Lola

»Ich bin von Kopf bis Fuß
auf Liebe eingestellt.«
Lola-Lola (1930)

»Das kostet extra!«
Lola (1981)

»Du nimmst mich gar nicht ernst«
Lola (1998)

Im Spätsommer 1929 saßen der Filmproduzent Erich Pommer und der Schriftsteller Carl Zuckmayer bei einem Glas Wein und diskutierten die Verfilmung des Heinrich-Mann-Romans »Professor Unrat«. In ihm verfällt ein ehrbarer Pädagoge den immensen Reizen einer Tingel-Tangeleuse. *»Im Roman wird sie die Künstlerin Fröhlich genannt«*, protestierte Zuckmayer gegen so eine anrüchige Berufsbezeichnung.

»Im Film muss sie schon einen Namen mit mehr Sex-Appeal bekommen!« forderte Pommer. *»Vielleicht Lola? Lola klingt gar nicht übel ...«*, überlegt Zuckmayer und fängt leicht beschwipst an zu singen *»Lola ... Lola«*. Die Produktion des UFA-Films »Der blaue Engel« war ein Lauf gegen die Zeit.

Ein Kassenknüller sollte es werden, für den eigens einer der größten Stars des damaligen Kinos und erster Oscar-gekrönter Hauptdarsteller Emil Jannings aus Hollywood zurückgeholt wurde. An seiner Seite machte sich der Regisseur Josef von Sternberg auf den Weg über den Teich, während man in Berlin noch am Drehbuch feilte. Außerdem war die Nachtclubkünstlerin Lola-Lola, die dem sehr seriösen Professor den hoch gebildeten Kopf bis zur Lächerlichkeit verdrehen sollte, noch nicht besetzt. In Berlin angelangt, verguckte sich von Sternberg in die reichlich unbekannte Revuetänzerin und Kleindarstellerin Marlene Dietrich und ließ sie *»Ich bin die fesche Lola, der Liebling der Saison«* singen. Schon am Tag nach der Filmpremiere, am 2. April 1930, brachen die beiden nach Hollywood auf. »Der blaue Engel« wurde ein Welterfolg.

1980 Jahre drehte Rainer Werner Fassbinder, der wohl international renommierteste deutsche Regisseur der Nachkriegszeit, seine »Lola«. Geplant war sie als Remake des »Blauen Engels« in der Ästhetik eines *»alten amerikanischen Farbfilms«*. Mit seinem Haus- und Hof-Star Hanna Schygulla hatte sich Fassbinder erzürnt, so wurde Barbara Sukowa besetzt, die Fassbinder zuvor am Theater und in der aufwändigen TV-Bearbeitung von »Berlin Alexanderplatz« inszeniert hatte. Die Goldene Palme in Cannes für »Rosa Luxemburg«, Rollen bei Lars von Trier (»Europa«) und mit Keanu Reeves (»Vernetzt«) waren spätere Stationen ihrer internationalen Karriere, die auch mit der »Lola Lola« begann. Ihr Name jedoch wurde auf einmal zu Lola gekürzt, die auch sonst ihre Reize mit

Oben: »Der blaue Engel« (1930)
Mitte: »Lola« (1981)
Unten: »Lola rennt« (1998)

kapitalistischer Effizienz einsetzt. Als stadtbekannte Hure macht sie einen so korrekten wie naiven Baustadtrat (Armin Mueller-Stahl) in sich verliebt, heiratet ihn gar und funktioniert als langer liebevoller Arm des gerissenen Stammkunden und Bauunternehmers Schuckert (Mario Adorf), dem der neue Stadtrat Steine in den Weg zu legen drohte.

Die drei großen Lola-Filme erzählen vom Geld, von der Liebe und von der Institution Ehe. Zunächst als moralisch ordentlicher Rahmen einer unerhörten Beziehung, die Grenzen von Alter und Stand ignorierend und sich als zerstörerische Mischung von groupiehafter Anbetung, Sehnsucht, Rührung und Selbstaufgabe erweisend.

Das gleiche Gefühlsgemisch taucht auch in der Beziehung von Sukowas Lola und ihrem Baustadtrat auf. Manni (Moritz Bleibtreu) und Lola (Franka Potente) hingegen sind mit Abstand das romantischste Paar, zumindest von einer Seite so bedingungslos, dass in ihrem Namen Schicksal, Zeit und so ziemlich sämtliche Schutzengel von Berlin-Mitte herausgefordert werden.

Mit den Jahren ändern sich zwar die Prioritäten, aber was Lola will, ist stets Liebe, Geld und Glück. Auf dem Weg dahin nimmt sie keine falschen Rücksichten. Sie weiß sich allein verantwortlich für ihr Glück, ob sie sich nun einem jüngeren Kollegen (Hans Albers in »Der Blaue Engel«) an den Hals wirft, noch

im Brautkleid ihren Mann betrügt (schließlich hat Immobilienhai Schuckert ihr den Nachtclub zur Hochzeit geschenkt) oder ihrem Vater (Herbert Knaup) die Knarre an den Kopf hält. Sie tut, was sie tun muss. Was sie das kostet, behält sie für sich.

Lola ist keine Tratschtante. Aber in ruhigen Momenten, wenn sie Zeit hat, in die Ferne zu schauen, und den Blick stattdessen nach innen richtet, spiegeln sich ganze Geschichten in ihren Augen. Dieser wissende Blick ist voller Stolz und Melancholie.

Es ist nicht die einzige Gemeinsamkeit der drei großen Lolas. Außerdem singen sie alle, und was die Haare angeht: selbst die Lola aus Schwarz-Weiß-Zeiten trägt auf den farbigen Filmplakaten Rot. Historisch ist das nicht recht erklärbar. Denn die Ur-Lola, die ihren spanischen Namen im deutschen Sprachraum etablierte, hatte schwarzes Haar und hieß Lola Montez. Im gleichnamigen üppigen Cinemascope-Farbfilm von 1955 (Regie: Max Ophüls) wird die tragische Geschichte der berüchtigten Tänzerin des 19. Jahrhunderts erzählt, die Ludwig I. von Bayern (Sissis Großonkel) den Kopf verdrehte, was den um seine Krone brachte, und – wie manche Quellen dramatisch zuspitzen – die Revolution von 1848 auslöste. Lola versteht es, mächtige Männer so um den Finger zu wickeln, dass sie zuerst den Überblick und dann ihre Macht verlieren. Dass sie die Namensgeberin des staatlichen deutschen Filmpreises wurde, ist von subversiver Qualität. Manche Lola gab es, und doch sollte es nur eine geben können, wäre die Antwort zwangsläufig. Bildet sich der Name doch aus Dolores und Carola. Carola bedeutet »die Freie«, dieselbe Bedeutung hat weder Marlene noch Barbara. Sondern Franka.

Ralf Krämer

FILMOGRAPHIE & DISKOGRAPHIE

Alle Filme und CDs von 1995 bis 2001

XPERIMENT
(AT: Aufbruch)

D 1995 (Kurzfilm)
Regie: Dietrich Mangold
Buch: Dietrich Mangold
Kamera: Torsten Breuer
Musik: Torsten Breuer

Darsteller: Sybille Heyen (She), Anian Zollner (He), Franka Potente, Karin Köster, Barbara Späth, Maike Zenglein, Silke Runnebaum, Ute Kuppert, Max Urlacher, Bernd Schmidt, Thomas Luft, Stephan Ahrens, Martin Mangold, Assad Mounajed
Produktion: Dietrich Mangold Filmproduktion / HFF München
Drehzeit: Mai / Juni 1995

»Morgens beim Körpertraining in der Schauspielschule hat Dietrich Mangold mich und den Max Urlacher ausgewählt, der ein sehr guter Freund von mir ist und der auch in ›Nach fünf im Urwald‹ mitgespielt hat (in der Schwimmbad-Szene). Es war eine ganz abstrakte Geschichte mit vier Adam-und-Eva-Paaren. Wir mussten gar nichts sagen. Ich weiß nur, dass ich im Rüschen-Badehöschen in einem mit Schlamm gefüllten Gummi-Planschbecken küssen musste, und dann sollten wir uns mit Schlamm bewerfen und voreinander weglaufen. Ich glaub', ich war sogar oben ohne ...«

Franka Potente

NACH FÜNF IM URWALD
It's a Djungle out there

D 1995
Regie: Hans-Christian Schmid
Buch: Hans-Christian Schmid
Kamera: Klaus Eichhammer
Musik: Rainer Michel

Darsteller: Franka Potente (Anna), Axel Milberg (Wolfgang), Dagmar Manzel (Karin), Farina Brock (Clara), Sibylle Canonica (Johanna), Peter Ender (Oliver), Thomas Schmauser (Simon), Max Urlacher (Ben)
Produktion: Claussen+Wöbke Filmproduktion, SWF, Arte
Drehzeit: Juli / August 1995
Kinostart: 18.4.1996 (Senator, Bes.: 570.000)
Filmpreise: Bayerischer Filmpreis für Franka Potente (Nachwuchspreis 1995)

Erfolgreiches Leinwanddebüt: Franka Potente in »Nach fünf im Urwald«

17 Jahr, schwarzes Haar, so trampte Anna nach München; trotz Hausarrest zum Casting. Soll man ja auch nicht machen, auf der ersten Geburtstagsparty ohne Eltern sämtliche wohlmeinenden Verbote missachten. Prompt entpuppt sich der Großstadtdschungel als Spielplatz von Primaten im Werbefuzzi- und WG-Kumpel-Gewand, die Anna erst Witze erzählen und dann an die Wäsche wollen. Wie gut, wenn man dann jemanden von zu Hause trifft, der einen zurückfährt und sich zum Eis einladen lässt. Dank der Erkenntnis, dass die eigenen Eltern es wilder treiben, als man es sich je trauen würde, lässt auch die familiäre Versöhnung nicht auf sich warten.

Mit dem unvergesslichsten Rettich der Filmgeschichte.

»Zwar fand ihre erste Kellerparty (Franka war 14) noch in Anwesenheit ihrer Eltern statt (die sich aber taktvollerweise im Wohnzimmer verschanzten), doch immerhin traute sie sich schon mit 15 einmal nicht nach Hause, weil sie sich bei einer Freundin ›so richtig besoffen‹ hatte. Die Kunst, einen Joint zu bauen, ist ihr ebenfalls geläufig – schließlich liegt ihre Heimatstadt Dülmen unweit der holländischen Grenze. Und auch Janis Joplin hört sie gern – wenn auch mit Einschränkungen: ›Von einer Überdosis Janis bekomme ich Kopfweh!‹

Ihre Zukunftspläne sind pragmatisch: ›Erst mal bei den Eltern ausziehen, Reisen, noch mehr Sprachen und eventuell Flamenco lernen ... und hoffentlich viele schöne Rollen.‹«

Porträt aus dem Presseheft

ZWEI BRÜDER – IN EIGENER SACHE

D 1996 (TV)
Regie: Walter Weber
Buch: Felix Huby
Kamera: Hartmut E. Lange
Musik: Hans Günther Wagener, Frank Langer

Darsteller: Elmar Wepper (Peter Thaler), Fritz Wepper (Christoph Thaler), Ruth Hausmeister (Marie Thaler), Angela Roy (Katja Bunte-Thaler), Nina Petri (Elise Steininger), Philipp Sonntag (Kurt Schilling), Jacques Breuer (Conny Bialas), Eva Kryll (Christine Thaler), Bernadette Heerwagen (Anja Thaler), Jonathan Sonnenschein (Thomas Thaler), Valentin Platareanu (Joseph Morawitz), Peter Fricke (Vincent Geldorf), Anja Fischer (Suse), Franka Potente (Mara)

Produktion: Aspekt Telefilm-Produktion (Markus Trebitsch)
Drehzeit: Frühjahr 1996
Erstausstr.: ZDF

Frankas Part (Mara) beschränkt sich auf zwei kleine Szenen. Als Schulfreundin der verschwundenen Anja gibt sie den entscheidenden Hinweis. Anja Thaler ist nämlich gar nicht entführt worden. Sie lebt bei dem zwielichtigen Geschäftsmann Conny Bialas – pikanterweise ein Ex-Kollege von Anjas Vater, Kommissar Peter Thaler. »In eigener Sache« ist der fünfte Teil der ZDF-Krimireihe »Zwei Brüder«.

DIE DREI MÄDELS VON DER TANKSTELLE

D 1996
Regie: Peter F. Bringmann
Buch: Ernst Kahl (basierend auf dem Originaldrehbuch zu dem Film
»Die Drei von der Tankstelle« von Franz Schulz und Paul Franck, D 1930)
Kamera: Ekkehart Pollack
Musik: Norbert Jürgen Schneider, Ernst Kahl
Schnitt: Klaus Handorf
Ton: Günther Stadelmann

Darsteller: Wigald Boning (Wigald), Axel Milberg (Volker), Franka Potente (Lena), Carol Campbell (Susi), Anya Hoffmann (Nick), Gisela Trowe (Mutter), Helen Vita (Tante Margot), Ursula Buschhorn (Detektivin), Hubert Mulzer (Dr. Dassel)
Produktion: Constantin Film (Bernd Eichinger), RTL, F&B Entertainment
Drehzeit: Juli bis September 1996
Kinostart: 12.6.1997 (Constantin)

Heinz Rühmann, Oskar Karlweis und Willy Fritsch heißen jetzt Franka Potente, Carroll Campell und Anya Hoffmann. Lilian Harvey wird von Wigald Boning gespielt ... Nun ja, ganz so ernst meinte man es mit einem Remake wohl nicht, als »Die drei Mädels von der Tankstelle« an die Zapfsäulen gelassen wurden. Das heißt, sie haben die Tankstelle eher besetzt, ausgerechnet jene, die Frauenfeind Wigald auf Vordermann bringen soll, um sein Millionenerbe an-

treten zu dürfen. Seine Mutter war an einem Geldschein erstickt. Da Freund Volker Psychiater und Frauenfreund ist, gibt's Hoffnung für Wigald. Einen Pudel hat er auch noch.

COMING IN

D 1996 (TV)
Regie: Thomas Bahmann
Buch: Thomas Bahmann, Hans Turner
Kamera: Hans-Jörg Allgeier
Musik: Ernst Ströer
Schnitt: Gudrun Böhl
Ton: Karin Klein

Darsteller: Steffen Wink (Lorenz), Franka Potente (Nina), Helmut Berger (Adrian), Sebastian Rudolph (Lutz), Lars Pape (Axel), Philipp Moog (Kai), Sven Thiemann, Sascha Zaglauer, Andreas Borcherding, Günter Bothur, Caroline und Jaqueline Hornung, Andreas Arnstedt, Edgar M. Marcus, Folkert Milster
Produktion: Südwestfunk (SWF, Susan Schulte), Arte
Drehzeit: September / Oktober 1996 (Frankfurt, Karlsruhe, Baden-Baden und Umgebung)
Erstausstr.: 4.7.1997 (Arte), 17.9.1997 (ARD)

Nina trifft der Schlag. Obwohl der eigentlich für ihren Boss – einen mittelhohen Beamten der Stadtverwaltung – bestimmt war. Der Schläger heißt Lorenz, arbeitet sonst als Werbetexter und wollte sich im Rathaus eigentlich für seine Schwulenorganisation starkmachen.

Aber dumme Sprüche bringen ihn nun mal auf die Palme und in diesem Fall auch auf den Gedanken, dass es noch ein zweites attraktives Geschlecht außer dem eigenen geben könnte. Nina allerdings ist alleinerziehend, und Lorenz sieht sich plötzlich genötigt, Kind, Job und sein sexuelles Doppelleben unter einen Hut zu kriegen. Bis in die Alpträume hinein verfolgt ihn die Vorstellung, als Hetero-Potatoe auf der Couch zu enden, mit Bierbüchse, -bauch und Rippenhemd, während ein beschürzter hochschwangerer Hausdrache namens Nina ihn vor seinen Kumpels zur Schnecke macht ...

»Gelungener Bi-Sex-Boogie zum Swingen« (»TV Spielfilm«)

STEFFEN
WINK

FRANKA
POTENTE

HELMUT
BERGER

Coming In

EIN FILM VON **THOMAS BAHMANN**

SEBASTIAN RUDOLPH   PHILIPP MOOG   LARS PAPE   SVEN THIEMANN   SASCHA ZAGLAUER
GÜNTER BOTHUR   ANDREAS BORCHERDING   KAMERA HANS-JÖRG ALLGEIER
KOSTÜME RUTH BAHMANN UND FLORIAN NOLL   SZENENBILD JANA KAREN   SCHNITT GUDRUN BÖHL
TON KARIN KLEIN   MUSIK ERNST STRÖER   BESETZUNG WILTRUD GOERICKE   PRODUKTIONSLEITUNG
JÜRGEN VENSKE   REDAKTION ULRICH HERRMANN UND GEORG STEINERT   PRODUZENTIN SUSAN SCHULTE
BUCH THOMAS BAHMANN UND HANS TURNER   REGIE THOMAS BAHMANN

EINE PRODUKTION DES **SÜDWESTFUNK**S FÜR **DAS ERSTE** IN ZUSAMMENARBEIT MIT **ARTE**

EASY DAY

D 1996 (Kurzfilm)
Regie: Hans Horn
Buch: Hans Horn
Kamera: Axel Sand
Musik: Peter Horn, Tobias Neumann, Bananafishbones

Darsteller: Stefan Becker (Tom), Franka Potente (Lilly), Sebastian Horn (Debiler), Heinz-Josef Braun (Jäger), Peter Rappenglück (Dicker), Hans-Dieter Brückner (Fiesling)
Produktion: Easy Day Prod. / HFF München
Drehzeit: Oktober / November 1996

Der Sommer ist warm, die Musik beschwingt, Tom und Lilly (Franka) rauschen im Cabrio verliebt durch die Berge. Plötzlich steigt Tom in die Bremse: Ein seltsamer Glatzkopf versperrt ihnen den Weg, glotzt sie stumm an. Doch da ihm anscheinend sonst nichts fehlt, setzten die zwei ihre Reise fort. Kurz darauf überholt sie ein alter Kranwagen, auf dessen Pritsche sie den unheimlichen Glatzkopf sitzen sehen.

Bald weicht ihr Unbehagen. Die Stimmung steigt. Sie lieben sich am Ufer eines idyllischen Waldsees. Als Tom wieder aufwacht, ist Lilly fort, nicht zu hören, nirgends zu sehen. Panisch macht Tom sich auf die Suche, entdeckt schließlich den Kranwagen, den zwei finstere Gestalten umschleichen, ein Dritter macht sich auf der Pritsche an Lilly zu schaffen.

So scheint es jedenfalls ... Ein Kurzfilm im Chaos: Aufnahmeleiter Felix Dünnermann (heute selbst Regisseur) brach sich die Zehen, als er mit einem Laster acht Meter in die Tiefe stürzte, eine Taucherin und ein Stuntman wären um ein Haar im Gebirgsbach ertrunken. Regisseur Hans Horn hat es dennoch gemeistert. Heute dreht er Werbeclips und vermochte mit »Easy Day« selbst Hollywood-Produzenten zu begeistern ...

»Easy Day«: Franka Potente und Stefan Becker an einem kalten Gebirgsbach

ROSE UND MÉLANIE

Rose et Mélanie / Garance et Mélanie / Une Vie pour une autre

D/F 1996 (TV)
Regie: Henri Helman
Buch: Noël Sisinni, Patrice Gautier
Kamera: Bernard Malaisy
Musik: Cyril Morin

Darsteller: Line Renaud (Garance Bergen), Florence Thomassin (Mélanie), Gérard Rinaldi (Fournier), Hervé Laudiere (Beauvet), Xavier Deluc (Manocci), Franka Potente (Lisa Manocci)
Produktion: Telfrance, Filmworx (Gerhard Spiehs)
Drehzeit: Dezember 1996 bis Januar 1997
Erstausstr.: (bisher weder in Deutschland noch in Frankreich gelaufen)

Ausstrahlung ungewiss:
Franka Potente und Xavier Deluc als Gangsterpärchen in »Rose und Mélanie«

»*Ich kann so nicht weiterleben*«, Mélanie will sich das Leben nehmen: In einem gestohlenen Auto rast sie über die Autobahn. Als sie ihren »blinden Passagier« entdeckt, lässt sie von ihrem Suizid-Plan ab: Auf der Rückbank hat sich die alte Garance versteckt, deren eigenwilliges Hobby es ist, in fremden Autos mitzufahren. Eine Freundschaft entwickelt sich – die Fahrt in die persönliche Freiheit soll aber nicht ohne Hindernisse über die Bühne gehen. Die geteerten Wege kreuzen sich mit denen von Lisa (Franka Potente) und Manocci. Das junge Gangsterpärchen ist allerdings nicht auf nette Unterhaltung aus ... In ihrem ersten Auslandsengagement gibt Franka Potente den langmähnigen Vamp.

RENNLAUF

D/A 1997 (TV)
Regie: Wolfram Paulus
Buch: Wolfram Paulus
Kamera: Hans Selikovsky
Musik: Peter Valentin, Peter Moser

Darsteller: Johanna Wölfl (Andrea), Franka Potente (Alice Ammon), Fritz Egger (Herbert), Ludwig Dornauer (Mühlthaler), Dietmar Mössmer (Danninger), Barbara Demmer (Vroni), Martin Walch (Georg), Harald Posch (Toni)
Produktion: ORF, SK Film und Fernsehproduktion (Josef Koschier)
Drehzeit: März / April 1997 (Flachau / Österreich, Park City, New York)
Erstausstr.: 7.4.1998 (3Sat)

Für die Zukunft der ehemaligen Ski-Rennläuferin Andrea ist gesorgt. In ein paar Wochen wird sie den angehenden Hotelier Herbert heiraten. Nur wie sie sich die Zeit bis dahin vertreiben soll, weiß sie nicht. Da kommt ihr das Angebot, für eine Saison ein Comeback auf der Piste zu feiern, gerade recht.

Das bringt Geschäftsplanung und Gefühlsleben durcheinander, denn im Trainingslager teilt Andrea das Zimmer mit ihrer alten Freundin Alice (Franka Potente), die sich in sie verliebt. Doch so ein Rennstall voller Neider und Intrigen ist nicht gerade der richtige Ort, um den Seelenfrieden zu finden. Andrea wird viel Skifahren, heiraten, lange Off-Monologe halten und am Ende, wenn sie in Manhattan den Central Park sucht, genau wissen, was sie zu tun hat. Sagt sie. Der Zuschauer zweifelt.

Frankas allererste Ski-Erfahrung im TV-Drama »Rennlauf«

OPERNBALL – DIE OPFER (1)
OPERNBALL – DIE TÄTER (2)

D 1998 (TV)
Regie: Urs Egger
Buch: Gundula Leni Ohngemach
(nach dem gleichnamigen Roman von Josef Haslinger)
Kamera: Lukas Strebel
Musik: Dominic Roth

Darsteller: Heiner Lauterbach (Kurt Fraser), Franka Potente (Gabrielle Becker), Gudrun Landgrebe (Claudia Röhler), Frank Giering (Ingenieur), Tonio Arango (Joe), Caroline Goodall (Heather Fraser), Richard Bohringer (Michel Reboisson), Georg Prokop (Feilböck), Georg Friedrich (Polier), Wolfgang Böck (Reso Dorf),

Karrieregeil: TV-Journalistin Gabrielle (Franka Potente) live aus Wien

Désirée Nosbusch (Iris), Dieter Moor (Günther), Georg Hofmann-Ostenhof (Journalist), Lotte Ledl (Ballgräfin), Dr. Thomas Prader (Dr. Prader)

Produktion: Constantin Film (Bernd Eichinger), Satel, Mungo Film
Drehzeit: April bis Juni 1997; Wien und Umgebung, Mallorca
Erstausstr.: 15. und 16.3.1998 (Sat.1)
Filmpreise: Bayerischer Fernsehpreis für Franka Potente (Oktober 1998)

»Das Glanzstück gesellschaftlicher Ereignisse steht an: Wien lädt zum Opernball. Prominente aus Politik, Wirtschaft und Showgeschäft werden erwartet. TV-Journalist Kurt Fraser (Heiner Lauterbach) berichtet von dem Spektakel. Doch bei den ersten Walzertakten kommt es zur Katastrophe. Wie betäubt brechen die Besucher, darunter auch Kurts Sohn Fred, zusammen. Terroristen haben Giftgas in den Saal geleitet. 4000 Menschen sterben. Kurt findet heraus, dass die Polizei etwas zu verbergen hat. Mit Reporterin Gabrielle (Franka Potente) stößt er auf eine mysteriöse Geheimorganisation, deren Spur ihn nach Mallorca führt …

Kühne Politfiktion mit Starbesetzung.«

(»TV Spielfilm« 24/99)

LOLA RENNT
Run Lola Run

D 1998
Regie: Tom Tykwer
Buch: Tom Tykwer
Kamera: Frank Griebe
Musik: Tom Tykwer, Johnny Klimek, Reinhold Heil
Schnitt: Mathilde Bonnefoy
Ton: Frank Behnke

Darsteller: Franka Potente (Lola), Moritz Bleibtreu (Manni), Herbert Knaup (Lolas Vater), Armin Rohde (Herr Schuster), Joachim Król (Penner), Heino Ferch (Ronnie), Nina Petri (Frau Hansen)
Produktion: X Filme Creative Pool
Drehzeit: Juni / Juli 1997

Kinostarts:	20.8.1998 (D, Prokino, höchste Chartplatzierung: 1; Bes.: 2.222. 768; Einspielergebnis: 24.496.435 DM), 11.9.1998 (Schweiz), 11.2. 1999 (Tschechien), 18.2.1999 (Niederlande), 15.3.1999 (Litauen), 26.3.1999 (Norwegen), 27.3.1999 (Korea), 2.4.1999 (Hongkong), 7.4.1999 (Belgien, Frankreich), 16.4.1999 (Dänemark), 13.5.1999 (D, Wiederaufführung), 11.6.1999 (Kanada), 18.6.1999 (USA, Sony Classics, Einspielergebnis: $ 6.725. 770), 5.7.1999 (Schweden), 29.7.1999 (Argentinien), 1.8.1999 (Neuseeland), 6.8.1999 (Mexiko), 25.9.1999 (Österreich), 14.10.1999 (Australien), 22.10. 1999 (UK), 18.11.1999 (Brasilien)
Filmpreise:	Bambi für Franka Potente in der Kategorie Newcomer; 49. Deutscher Filmpreis in den Kategorien Regie, bester Film, Kamera, Schnitt, Nebendarsteller (Herbert Knaup) und Nebendarstellerin (Nina Petri), sowie die beiden Publikumspreise (Franka Potente als Darstellerin und für den Film); Filmpreis der Stadt Genf (dotiert mit 10.000 sfr) für Franka Potente

»Berlin. Jetzt. Lola und Manni sind Anfang zwanzig und ein Liebespaar. Manni hat sich in letzter Zeit auf halbkriminelle Geschichten eingelassen und jobbt als Geldkurier für einen Autoschieber. Doch heute läuft alles schief: Er hat die Geldübergabe komplett vermasselt, weil er auf der Flucht vor Fahrscheinkontrolleuren die Plastiktüte mit dem Geld in der U-Bahn liegengelassen hat. 100.000 Mark! In 20 Minuten will sein Boss das Geld abholen. Manni ist verzweifelt. Er weiß nicht, was er tun soll und ruft Lola an.«

Kurzinhalt aus dem Presseheft

»In der Titelrolle der Lola spielte Franka Potente eine Berliner Punkgöre mit feuerroten Haaren, die in verzweifelter Situation innerhalb von zwanzig Minuten 100.000 DM auftreiben muss, um ihren Freund Manni, dargestellt von Moritz Bleibtreu, vor Gangstern zu retten. Bei gleicher Ausgangssituation wurde die an sich simple Geschichte in drei Variationen gezeigt, die Tykwer diametral verschieden enden ließ.«

Munzinger

»Der Mensch ... die wohl geheimnisvollste Spezies unseres Planeten. Ein Mysterium offener Fragen ... Wer sind wir? Woher kommen wir? Wohin gehen wir? Woher wissen wir, was wir zu wissen glauben? Wieso glauben wir überhaupt etwas? Unzählige Fragen, die nach einer Antwort suchen, einer Antwort, die wie-

der eine neue Frage aufwerfen wird, und die nächste Antwort wieder die nächste Frage und so weiter, und so weiter ...

Doch ist es am Ende nicht immer wieder die gleiche Frage ... und immer wieder die gleiche Antwort?«

Auszug aus dem Drehbuch

BIN ICH SCHÖN?
Am I beautiful?

D 1998
Regie: Doris Dörrie
Buch: Doris Dörrie, Rolf Basedow, Ruth Stadler
(nach den Kurzgeschichten »Bin ich schön?« von Doris Dörrie,
erschienen im Diogenes-Verlag)
Kamera: Theo Bierkens
Musik: Roman Bunka (Soundtrack erschienen
bei Virgin – leider ohne Frankas Saeta)

Darsteller: Senta Berger (Unna), Gottfried John (Herbert), Iris Berben (Rita), Oliver Nägele (Fred), Suzanne von Borsody (Lucy), Uwe Ochsenknecht (Bodo), Franka Potente (Linda), Steffen Wink (Klaus), Anica Dobra (Franziska), Maria Schrader (Elke), Nina Petri (Charlotte), Joachim Król (Robert), Heike Makatsch (Vera), Gisela Schneeberger (Tamara), Otto Sander (David), Pierre Sanoussi-Bliss, Dietmar Schönherr (Juan), Enriko Boettcher (Mann im Flughafen)
Produktion: Constantin Film (Bernd Eichinger)
Drehzeit: September / Oktober 1997
Kinostart: 17.9.1998 (D, Constantin), 4.5.2000 (Argentinien), 8.6.2000 (Niederlande), 2.9.2000 (Japan), 1.8.2001 (Belgien)

Mit einem guten Dutzend Hauptdarstellern wird ein großer Reigen kleiner Geschichten erzählt: von Lebenswegen, die sich kreuzen, aneinander vorbei oder nebeneinander her verlaufen und unmöglich in einem Satz anzureißen sind. Aber einen Versuch ist es Wert: In einem spanischen Motelzimmer peitscht die trickreiche Herumtreiberin Linda (Franka Potente) den nackten Hintern ihrer

Mitfahrgelegenheit Werner aus, während im Nebenzimmer der deutsche Tourist Klaus per Handy versucht, seine Exfreundin Franziska in München zurückzugewinnen, die einen roten Pullover gerade jener Rita verkauft, die gemeinsam mit ihrem Mann Fred für die gastronomische Betreuung von Franziskas Hochzeitsgästen sorgen wird, unter denen sich Franziskas Schwestern Charlotte (frisch von ihrem Mann Robert betrogen) und Vera (frisch von ihrem spanischen Lover verlassen) sowie ihre Eltern Herbert (der gerade seine Geliebte nach einem Selbstmordversuch in der Ambulanz zurückgelassen hat) und Unna befinden, die kurz darauf im Spanienurlaub Kontakt zu ihrer alten Liebe David aufnimmt, während in einer Seitenstraße Sevillas die Karfreitagsprozession von Lucys und Bodos ältester Tochter zum Anlass genommen wird, sich einem Unbekannten für seine schicke Sonnenbrille hinzugeben. Und die junge Witwe Elke macht Flecken in das Brautkleid Franziskas, deren Exfreund und Lindas eventueller Zukünftiger Klaus mit dem alten Witwer Juan ein Garcia-Lorca-Lied singt. Schitt, doch zwei Sätze!

SÜDSEE, EIGENE INSEL

D 1998
Regie: Thomas Bahmann
Buch: Thomas Bahmann, Hans Turner
Kamera: Hannes Hubach
Musik: Rainer Kühn

Darsteller: Herbert Knaup (Albert Bursche), Andrea Sawatzki (Sabine Bursche), Alexandra Maria Lara (Sandra Bursche), Nils Nelleßen (Fred), Ben Becker (Dr. Helmut Kunert), Steffen Wink (Herr Nabroth), Oliver Korittke (Rocco Getriebe), Franka Potente (Kassiererin)
Produktion: Indigo Filmproduktion
Drehzeit: Mai bis Juli 1998 (München und Umgebung)
Kinostart: 8.7.1999 (Senator, Bes.: 21.893)

Franka Potente hat nur einen kurzen Gastauftritt. Als Kaugummi-kauende Kassiererin lässt sie Albert Bursche (Herbert Knaup, ihr Filmvater aus »Lola rennt«) mit einem Mantel voller geklauter Lebensmittel aus dem Supermarkt entwischen. Dem an sich gutsituierten Familienvater wurden Job und Kreditkarte entzogen. Gerade als er mit Frau und Kindern in den Urlaub fahren wollte. Einfach zu Hause bleiben geht nicht wegen der Nachbarn. Also verbringen sie ihren Urlaub heimlich im eigenen Keller.

Thomas Bahmann drehte mit Franka bereits die TV-Dramödie »Coming In« (1996).

SCHLARAFFENLAND

D 1999
Regie: Friedemann Fromm
Buch: Christoph Fromm
Kamera: Jo Heim
Musik: Manu Kurz (Soundtrack erschienen bei Epic/Sony 496442 2)

Darsteller: Heiner Lauterbach (Mark Popp), Franka Potente (Mona Wendt), Jürgen Tarrach (Wolfi Berner), Roman Knizka (Michi Holzner), Ken Duken (Laser), Susanne Bormann (Lana), Tom Schilling (Dannie), Daniel Brühl, Tobias Schenke, Camilla Renschke, Denise Zich
Produktion: Hager Moss Film
Drehzeit: September bis November 1998 (Köln, Oberhausen, Umgebung)
Kinostart: 11.11.1999 (Buena Vista, Bes.: 32.537), *Videostart:* 11.5.2000 (Buena Vista Home Entertainment)

»Wenn du alles willst, geh' da hin, wo es alles gibt.« (Trailer-Slogan)

»Sie wollten nur eine Nacht abfeiern in einem Einkaufszentrum – dem Schlaraffenland vor den Toren der Stadt: sieben Jugendliche auf der Suche nach dem ultimativen Kick. Doch die Clique um den Skater Laser hat die Rechnung ohne Pops und seine schwarzen Sheriffs gemacht. Aus harmlosem Spaß wird blutiger Ernst ...«

Kurzinhalt aus dem Presseheft

»Sieben Jugendliche brechen nachts in ein Kaufhaus ein, um sich dort mit Drogen und Sex einem Konsumrausch hinzugeben. Sie werden aber von der Wachmannschaft entdeckt, die die Einnahmen mitgehen lassen und die Tat den ju-

gendlichen Einbrechern in die Schuhe schieben will. Bald kommt es zu einer gewalttätigen Eskalation der Situation.«

Filmdienst

Die »taz« verlieh Fromm spottenderweise die »Goldene Rolltreppe«, denn am Ende wäre »Schlaraffenland« »*nicht mehr als ein spekulativer Beitrag im Kampf gegen das Ladenschlussgesetz.*«

WINKE & LÄCHLE

Wave and smile

D 1999 (Kurzfilm)
Regie: Enriko Boettcher
Buch: Ina Siefert, Andy Hoetzel, Enriko Boettcher
Kamera: Oliver Bokelberg
Musik: Stew, Monadavis, Mark Stewart, Tom Batoy, Franco Tortora

Die dritte Film-Begegnung zwischen Franka Potente und Steffen Wink

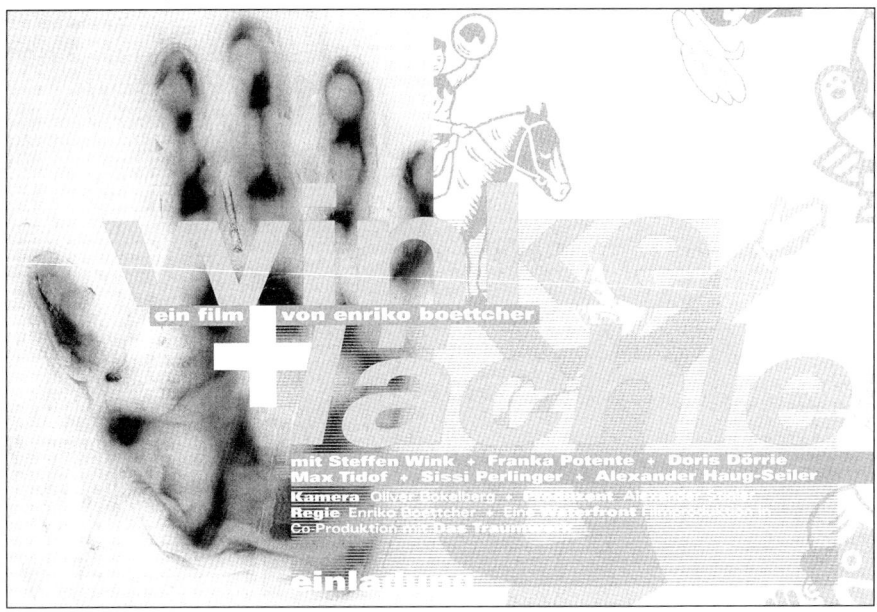

Darsteller:	Franka Potente (Susa / Stewardess), Steffen Wink (Steffen), Doris Dörrie (Dr. Deeh), Max Tidorf (Althippie), Sissi Perlinger (Gärtnerin), Alexander Haug-Seiler (Bauer), Stephen Sickder (Inder), Anita Höfer (Frau auf Autobahnraststätte)
Produktion:	Waterfront Filmproduktion (Alexander Stigler, Enriko Boettcher), Das Traumwerk
Drehzeit:	November / Dezember 1998 (München und Umgebung)
Festivals:	Internationale Filmtage Hof 1999, Filmfest Braunschweig 1999 (Eröffnungs-Kurzfilm), Gijon 1999, Bilbao 1999

»Alle Menschen glauben an Wunder, mehr oder weniger. Und alle haben Wünsche, an die sie glauben. Glauben und Vertrauen können Berge versetzen. Für die kurze Dauer des Moments haben wir Zeit, viel Zeit – und die Stimme der Ewigkeit ist geboren.

Ein junger Fernsehjournalist (Steffen Wink) auf der Heimfahrt; mitten im Beziehungsstress mit seiner Freundin (Franka Potente) ereignen sich mehrere Ungewöhnlichkeiten – kleine Wunder, die den Journalisten auf die Idee bringen, diese Phänomene seinem Sender als Thema zu einer Weihnachtsgeschichte zu verkaufen; er bekommt einen Etat. Um seine Story dramatischer und glaubwürdiger zu machen, täuscht er die Phänomene vor und kommt so, ohne es zu wollen, der Wahrheit auf die Spur ... Davon und dass wir alle an dem Wunder Leben gemeinsam teilhaben, handelt der Film. *Winke und lächle* für deine Welt!«

Synopsis aus dem Presseheft

DOWNHILL CITY

D/Finnland 1999
Regie: Hannu Salonen
Buch: Hannu Salonen
Kamera: eska
Musik: 22 Pistepirkko

Darsteller:	Franka Potente (Peggy), Teemu Aromaa (Artsi), Andreas Bruckner (Hans), Michaela Rosen (Doris), Sebastian Rudolph (Sascha), Axel Werner (Fabian)

»Ein wilder Berliner Außenseiterfilm – das Publikum liebte den unprätentiösen Film.«
(Frankfurter Rundschau)

Produktion: Luna Film, Talent House (SF), ZDF, DFFB, TV 4
Drehzeit: Januar bis März 1999
Kinostart: 13.4.2000 (Basis)

Fast-Food-Verkäuferin Peggy (Franka) verliebt sich in den melancholischen finnischen Musiker Artsi. Peggys Ex-Freund, der Boxer Hans, bändelt daraufhin mit der frisch geschiedenen Doris an und zieht in die WG eines misantrophischen Pizzafahrers, der seinen zweiten Roman nach jahrelanger Arbeit an einen Verlag geschickt hat. Das sind nur einige Personen aus dem pastellnen Reigen, den der junge DFFB-Absolvent Salonen hier inszeniert, um sein Bild Berlins zu zeichnen. Großstadt von (nicht ganz) unten.

ANATOMIE
Anatomy

D 2000
Regie: Stefan Ruzowitzky
Buch: Stefan Ruzowitzky
Kamera: Peter von Haller
Musik: Marius Ruhland (Soundtrack erschienen bei Epic/Sony 496774-2)

Darsteller: Franka Potente (Paula), Benno Fürmann (Hein), Anna Loos (Gretchen), Sebastian Blomberg (Caspar), Holger Speckhahn (Phil), Traugott Buhre (Prof. Grombek), Rüdiger Vogler (Paulas Vater)
Produktion: Claussen + Wöbke Filmproduktion (Jakob Claussen, Thomas Wöbke), Deutsche Columbia Pictures Filmproduktion
Drehzeit: April bis Juni 1999
Kinostarts: 3.2.2000 (D, Columbia), 4.8.2000 (Italien), 8.9.2000 (USA, Los Angeles), 8.9.2000 (USA, limited), 29.9.2000 (Schweden), 9.11. 2000 (Island), 10.11.2000 (Hongkong), 7.12.2000 (Argentinien), 25.1.2001 (Australien), 7.2.2001 (Belgien), 16.5.2001 (Frankreich)
Videoprem.: 29.3.2001 (Ungarn), 3.4.2001 (USA), 23.4.2001 (GB)
Filmpreise: Deutscher Filmpreis (»Anatomie« wird vom Publikum zum »Film des Jahres« gekürt, Franka zur »Schauspielerin des Jahres«)

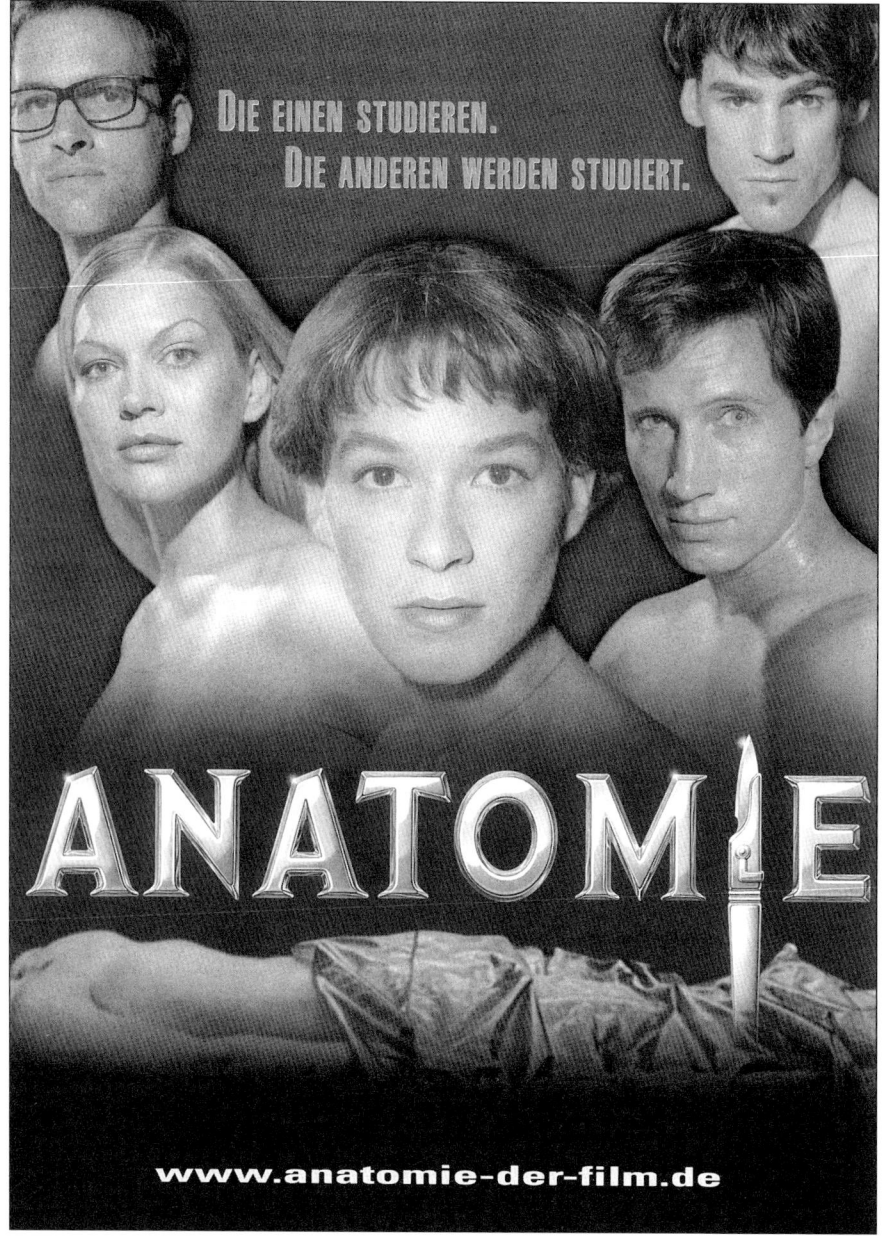

*»Paula entstammt einer angesehenen Ärztefamilie und macht sich ehrgeizig dar-
an, die Familientradition fortzusetzen. Ihr Studium in Heidelberg nimmt sie ernst
und realisiert zunächst gar nicht, dass sie in eine Situation gerät, in der es um
mehr als nur um Leben und Tod geht«.*

Rollenbeschreibung aus dem Presseheft

Semesterferien durchbüffeln, pauken am Badesee, sezieren in der Sommernacht
– mit allem hatte Paula (Potente) gerechnet, als sie das Stipendium für einen
Anatomie-Kurs an der Uni Heidelberg erhielt. Nur nicht, dass sie auf dem Hinweg im ICE einem jungen Mann mit Herzfehler das Leben retten würde, um
ihn Tags darauf als totes Studienpobjekt unter dem Skalpell zu haben. Das gibt
Rätsel auf, aber niemand außer Paula will sie lösen. Kommilitone Caspar ist eher
an Paula selbst, Zimmergenossin Gretchen an feschen Jungs wie Hein interessiert. Und Hein gibt sich alle Mühe, Paula an ihren Nachforschungen zu hin-
dern. Trotzdem kommt sie den Antihippokraten auf die Spur, einem Geheimbund der sich um Ethik noch nie geschert hat, wenn sie der Wissenschaft im
Weg stand. Als Gretchen verschwindet und Paula feststellen muss, dass ihr
Großvater und Vorbild einst einer der führenden Antihippokraten gewesen war,
kommt es zur Katastrophe.

www.anatomie-der-film.de

DER KRIEGER UND DIE KAISERIN
The Princess and the Warrior

D 2000
Regie: Tom Tykwer
Buch: Tom Tykwer
Kamera: Frank Griebe
Musik: Tom Tykwer, Johnny Klimek, Reinhold Heil
Schnitt: Mathilde Bonnefoy
Maske/Frisuren: Waldemar Pokromski

Darsteller: Franka Potente (Sissi), Benno Fürmann (Bodo), Joachim Król (Walter), Lars Rudolph (Steini), Melchior Beslon (Otto), Ludger Pistor
(Werner Dürr), Jürgen Tarrach (Schmatt), Natja Brunckhorst (Meike), Marita Breuer (Sissis Mutter)

der krieger + die kaiserin

Produktion:	X Filme Creative Pool (Stefan Arndt, Maria Köpf)
Drehzeit:	Juli bis September 1999 (Wuppertal, Großbritannien)
Kinostart:	12.10.2000 (D, X Verleih, Bes.: 567.614), 3.5.2001 (Israel), 22.6. 2001 (USA), 31.5.2001 (Hong Kong), 13.6.2001 (Belgien), 22.6. 2001 USA), 19.7.2001 (Tschechien), 8.8.2001 (Frankreich)
Filmpreise:	»Jupiter« für Franka Potente (von der Kinozeitschrift »Cinema«), Deutscher Filmpreis »Lola« in Silber

Krankenschwester Sissi (Franka) arbeitet dort, wo sie aufgewachsen ist: in der psychiatrischen Abteilung der Klinik Birkenhof. Bei einem Verkehrsunfall wird sie von einem Mann gerettet, der daraufhin spurlos verschwindet. Sissi macht sich auf die Suche nach dem Unbekannten, und findet ihn schließlich: Bodo. Er wohnt mit seinem Bruder Walter abgelegen über der Stadt. Die beiden planen einen großen Coup, um sich für immer Richtung Australien aus dem Staub zu machen. Auch deshalb kommt es ziemlich ungelegen, wenn Sissi Bodo gesteht: *»Ich will wissen, ob ich mein Leben ändern muss, und ob du der Grund dafür bist.«* Aber Sissi gibt nicht so leicht auf...

www.derkrieger.de
www.diekaiserin.de

BLOW

USA 2000
Regie: Ted Demme
Buch: David McKenna, Nick Cassavetes
(nach dem Roman von Bruce Porter)
Kamera: Ellen Kuras
Musik: Graeme Revell
(Soundtrack erschienen bei Cheeba Sound/Virgin 8-10044-2)

Darsteller:	Johnny Depp (George Jung), Penélope Cruz (Mirtha Jung), Franka Potente (Barbara Buckley), Rachel Griffith (Ermine Jung), Paul Reubens (Derek Foreal), Jordi Molla (Diego Delgado), Cliff Curtis (Escobar), Miguel Sandoval (Augusto Oliveras), Ethan Suplee (Tuna), Ray Liotta (Fred Young), Kevin Gage (Leon Minghella)
Produktion:	New Line

Drehzeit: Februar/ März 2000 (Los Angeles)
Kinostart: 6.4.2001 (USA, New Line), 26.7.2001 (D, Kinowelt)

Bei guter Führung könnte George Jung aus der Haft entlassen werden, Ende 2014. »Blow« erzählt, was ihn hinter Gitter brachte. Von einer frustrierenden Kindheit im Boston der 50er Jahre arbeitete er sich über einfachen Marihuana-Handel am kalifornischen Strand zur U.S.-amerikanischen rechten Hand des kolumbianischen Drogenkönigs Pablo Escobar empor.

Im Mittelpunkt steht das Private: der Verlust seiner großen Liebe und Kurierin, der Stewardess Barbara (Franka). Seine Mutter liefert ihn der Polizei aus. Erfolg, Luxus und neue Liebe werden folgen und weiteren Verrat und entäuschte Hoffnungen nach sich ziehen. Ein persönliches Poträt, gleichzeitig eine Hommage an die 70er und Protokoll einer Zeitenwende unter dem Motto: Verbrechen und ungepflegte Haare zahlen sich nicht aus.

»Ich habe auch ›Lola rennt‹ gesehen. Und als ich sie kennenlernte, beeindruckte sie mich durch perfekte Beherrschung des Englischen. Ich als dummer Ami in Frankreich kann immer noch weniger französisch als meine Tochter. Aber Franka ist nicht nur eine talentierte Schauspielerin, sie besitzt auch eine Neugier und Unschuld, die sie sehr pur erscheinen lässt.«   Johnny Depp

www.blow-film.de
www.getsomeblow.com

STORYTELLING

USA 2001
Regie: Todd Solondz
Buch: Todd Solondz
Kamera: Frederick Elmes
Schnitt: Alan Oxman
Musik: Belle & Sebastian, Nathan Larson

Darsteller: Selma Blair (Vi), Leo Fitzpatrick (Marcus), Aleksa Palladino (Catherine), Robert Wisdom (Mr. Gary Scott), Noah Fleiss (Brady Livingston), Paul Giamatti (Toby Oxman), John Goodman (Marty

Livingston), Julie Hagerty (Fern Livingston), Lupe Ontiveros (Consuelo), Jonathan Osser (Mikey Livingston), Franka Potente (Editor), Mike Schank (Mike), Mark Webber (Scooby Livingston)

Produktion: New Line, Good Machine, Killer Films
Drehzeit: August 2000 (New Jersey)
Kinostart: Herbst 2001 (USA, Fine Line Features)

Todd Sollondz filmt *white trash*, als sänge er den Blues. Mit kühlem Blick und gebrochenem Herzen. Er formuliert die alltäglichen kleinen Geisteskrankheiten so zugespitzt, dass es wehtut und gleichzeitig entspannt. Nach »Welcome to the Dollhouse« und »Happiness« führt Sollondz sein Akupunktur-Werk mit »Storytelling« fort.

In zwei Episoden erzählt er vom Erzählen und was aus der Wahrheit wird, wenn sie nicht mehr erlebt, sondern gehört wird. Oder gefilmt wie in *nonfiction*, der zweiten Episode. Hier spielt Franka mit ein paar blonden Strähnen im roten Haar, leicht verpickelt und Kette rauchend die Cutterin des, nun ja, Filmers Toby. Der gab vor, einen dokumentarischen Blick auf die Teenager von heute werfen zu wollen, um dann nur voyeuristisch die Abgründe einer amerikanischen *middle-class-family* abzufilmen. Seiner Cutterin bleibt das nicht verborgen, sie schmollt und lobt ein paar Tage später, die Arbeit sei viel besser geworden. Nur Tobys Einstellung hat sich nicht geändert. Kein Gastauftritt, zwei Szenen in einer kleinen, markanten Rolle, die Franka sogar einen *credit* im Vorspann brachte – neben John Goodman und Paul Giamatti.

THE BOURNE IDENTITY

USA 2001
Regie: Doug Liman
Buch: W. Blake Herron, Tony Gilroy, David Self
Kamera: Oliver Wood

Darsteller: Matt Damon (Jason Bourne), Franka Potente (Marie), Chris Cooper, Julia Stiles
Produktion: Universal Pictures (Richard Gladstein, Patrick Crowley, Doug Liman)
Drehzeit: Oktober 2000 bis Februar 2001 (Prag, Paris)
Kinostart: Februar 2002 (USA, Universal), Frühjahr 2002 (D, UIP)

Irgendwo in Frankreich: Ein blutüberströmter Mann (Matt Damon) wird ans Ufer gespült. Neben den Schusswunden soll sich eine Amnesie als schwerste Verletzung herausstellen (also ein »Filmriß« im wahrsten Sinne ...). Einziger Anhaltspunkt ist ein Schlüssel für ein Schweizer Bankschließfach. In Zürich angekommen, begrüßt man ihn als »Mr. Bourne«, übergibt ihm eine Kassette mit verschiedenen Währungen und sechs Pässen. Das macht ihn nicht viel schlauer, also geht er zur US-Botschaft, um seine wahre Identität zu klären. Ohne Erfolg:

**»The Bourne Identity«:
Dreharbeiten in Prag**

Man will ihn festnehmen, doch Bourne gelingt die Flucht. Vor dem Botschaftsgebäude trifft er auf Marie (Franka Potente), die ihn nach Paris fährt.

In der Seine-Metropole will er die Adresse überprüfen, die in dem französischen Pass steht. Aber dort erwartet man ihn schon: Ein Killerkommando soll Bourne aus dem Weg räumen. Was nicht gelingt, denn Bourne stellt überraschend fest, dass er über ausgezeichnete Martial-Arts-Fähigkeiten verfügt ...

www.bourne-identity.com

LA MER

D 2001 (Kurzfilm)
Regie: Natja Brunckhorst, Frank Griebe
Buch: Natja Brunckhorst, Frank Griebe
Kamera: Frank Griebe

Darsteller: Dominic Raacke, Franka Potente
Drehzeit: August 2001 (München und Spanien)

Schon an seinen weltweit über 400 verschiedenen Einspielungen lässt sich ermessen, dass Charles Ternets »La Mer« zu den berühmtesten aller Chansons zählt. Es inspirierte nun die Schauspielerin (»Christiane F.«) und Drehbuchautorin (»Wie Feuer und Flamme«) Natja Brunckhorst und ihren Freund, Tom Tykwers Stammkameramann Frank Griebe, zu einer ersten gemeinsamen Regiearbeit.

Brunckhorst: »*So ein poetischer Kurzfilm ist vom Schreiben und Machen ein ganz anderes Metier, als ein Langfilm. Man setzt eine Figur hin, die sofort verstanden werden muss, dann gibt es eine Wendung und schon ist der Film vorbei.*«

Dominic Raacke wird in der Rolle eines jungen Mannes zu sehen sein, der aufs Meer hinausschwimmt, zurückkommt und nicht ahnt, dass inzwischen fünf Jahre vergangen sind. Für die Rolle seiner, ihm unbekannten »jungen Frau« ist Franka geeignet, wie keine zweite. Schließlich spielte Brunckhorst nicht nur Sissis Freundin Meike in »Der Krieger und die Kaiserin«. Schon 1996 erzählte Franka der »Gala«: »*Christiane F. wäre eine Rolle gewesen, die ich selbst gerne gespielt hätte*«, und in »The Bourne Identity« hat sie schließlich schon reichlich Erfahrung mit Männern gesammelt, die unter Amnesie leiden.

Nach fünf im Urwald – Original Soundtrack
Collosseum CST-34.8055

Neben Evergreens, wie »*Hang on Sloopy*« von den McCoys, bietet der Soundtrack zum Film vor allem die Originalmusik vom Komponisten Rainer Michel und Auszüge der Originaldialoge: zum Beispiel beide Versionen des Elefantenwitzes von Max Urlacher und Franka.

Ein Freund, ein guter Freund – Wigald Boning und die Mädels
Sing Sing/BMG Ariola 21 46743-2

Von »*Käpt'n Sex*« bis »*Der schönste Hund im Rudel, das ist und bleibt der Pudel*« findet sich manche Perle deutschen Liedgutes im beinahe-Musical »*Die drei Mädels von der Tankstelle*«. Aber nur dieser alte Schlager im Kindertechno-Gewand schaffte es auf eine Maxi-CD-Single. Wigalds Brüder-Blattschuss-Hommage, das »*Bremserlied*« gibt's als Zugabe.

Lola rennt – Original Soundtrack
BMG Ariola 21 60477-2

»Ein Kumpel spielte mir den Soundtrack von ›Run Lola Run‹ vor.
›*What the hell is RLR?*‹ wollte ich wissen.
›*You haven't seen it?*‹ fragte er mich.
›*No*‹
›*Then you suck, dude!*‹
Also ging ich ins Kino und sah mir den Film an. Sehr ungewöhlich. Tolle Schauspieler. Großartige Musik.«

Peter, ein 26jähriger ehemaliger DJ mit rotgefärbten
Haaren und Fan deutschen Technos aus Wladiwostock

Wish (Komm zu mir) – Franka Potente feat. Thomas D.
Four Music/Columbia 666214 2

Von den gerade mal drei Millionen Mark Budget der »*Lola rennt*«-Produktion, 200.000 Mark für die Filmmusik auszugeben, hat sich beträchtlich ausgezahlt. MTV-Select Award und Gold für den Soundtrack (über 100.000 verkaufte Exemplare); Platz 5 in den Charts und Gold für über 250.000 verkaufte »*Wish*«-Singles.

Franka: »*Eigentlich war hier ein innerer Monolog, ein Sprechteppich geplant. Beim Experimentieren im Tonstudio kam die Idee, Sprechgesang einzubauen. Es war logisch, dass ich das singe, ich strebe aber keine Karriere als Sängerin an.*«

Wish (Komm zu mir) – Franka Potente feat. Thomas D.

Sein Schauspiel-Debüt hatte Thomas D. Anfang '98 in der Low-Budget-Kinoproduktion »*Curiosity and the Cat*« gegeben. Das hauptberufliche Viertel der schwäbischen Hip-Hop-Pioniere »*Die Fantastischen Vier*« prägte als Frankas Duett-Partner nicht zuletzt das »*Wish*«-Video maßgeblich, das im Nachinein, wie ein Vorläufer der »Gummizellenszene« mit Bodo und Sissi in »*Der Krieger und die Kaiserin*« wirkt. Auf der »*Wish*«-Single ist außerdem der Jungle-Mix von Thomas D.s »*Rückenwind*« zu hören. Im Sommer 2001 wird der erste Film der »Fantasitischen Vier« vom X Verleih in die Kinos gebracht.

»*Ich fand das Lied gut und die Jungs. Mich hat das schon fasziniert, dieses Rocksängertum.*«

Believe – Franka Potente
BMG Ariola 21 61345-2

Die etwas weniger erfolgreiche zweite Singleauskopplung vom »*Lola rennt*«-Soundtrack.

Easy Day – bananafishbones + special guest franka potente
polydor/bonananza 563965-2

Die Horn-Familie ist vielseitig. Sebastian Horn, der Bruder vom Regisseur Hans, spielte im Kurzfilm »*Easy Day*« den unheimlichen Glatzkopf und nahm mit seiner Band »Bananafishbones« (»Come to sin«) 1997 eine gleichnamige Melodie auf. Zwei Jahre später gab's diese Neuauflage. Franka besticht mit der gesprochenen Frage nach einem Kuchenrezept und Harmoniegesang im Refrain.

Any Given Sunday – Original Soundtrack
atlantic/eastwest 7567-83272-2

Oliver Stone, einer der prominenteren »Run Lola Run«-Fans, mischte in den Score seines furiosen Football-Dramas »*An jedem verdammten Sonntag*« einige Takte der Original-Musik von »Lola rennt«. Hat er auch »*völlig korrekt bezahlt*«, wie er auf der Pressekonferenz zur Berlinale-Premiere seines Films schmunzelnd versicherte.

Downhill City – 22 Pistepirkko
EFA CD 05418/cs 032

Original-Filmmusik der so sympathischen wie vielseitigen finnischen Rockband. Nennen wir's mal Ambient-Punk. Auch das schöne Pappcover aufzuklappen lohnt sich …

Der Krieger und die Kaiserin – Original Soundtrack
X-Music/Motor Music 549317-2

Unter dem Band-Namen »*Pale 3*« produzierte das bewährte Filmmusiker-Trio Tom Tykwer, Johnny Klimek und Reinhold Heil sieben Songs auf der Basis ihrer »original score«-Kompositionen und gewann dafür Independent-Stars, wie Beth Hirsch und Alison Goldfrapp. »*You can't find peace*«, der Abspann-Titel mit Skin (Skunk Anansie) wurde als Single ausgekoppelt. Dem melancholisch verzweifelten Liebeslied »*Fly with me*« (Text: Tykwer), leiht Franka ihren Sprechgesang. Ein ambitioniertes Projekt, das sich wohltuend von der zunehmenden Praxis abhebt, als Soundtrack getarnte Billig-Sampler über das Label eines populären Films zu verscherbeln.

Lepo Sumera – Like Searching
Finlandia 8573-82186-2

Auf diesem posthumen Sampler findet sich das Klavierstück »*Piece from the year 1981*«, das in »*Der Krieger und die Kaiserin*« während des Banküberfalls zu hören ist. Der estnische Komponist und Kultusminister Lepo Sumera starb 2000 im Alter von 50 Jahren.

**Tom Tykwer mit Skin: Die Frontfrau der Rockband »Skunk Anansie«
lieh dem Titelsong »You can't find peace« ihre unverwechselbare Stimme**

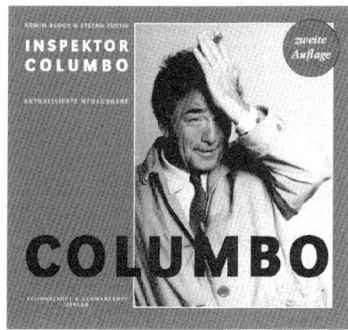

KAY WENIGER

8 Bände,
ca. 6000 Biografien
etwa 6500 Seiten
gebunden,
im Schuber
498,- DM

Das große Personenlexikon des Films

Die Schauspieler, Regisseure, Kameraleute, Produzenten, Komponisten, Drehbuchautoren, Filmarchitekten, Kostümbildner, Cutter, Tontechniker und Special Effects Designer des 20. Jahrhunderts

Band 1
A – C

SCHWARZKOPF & SCHWARZKOPF

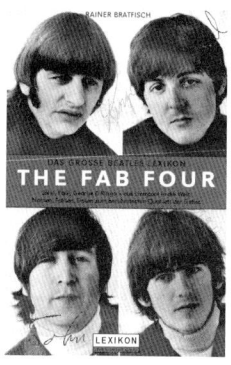

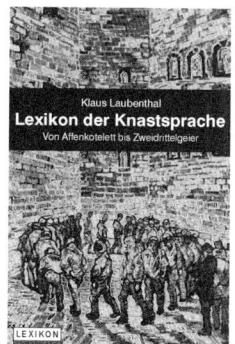

Egon Ludwig
Música latinoamericana
Lexikon der lateinamerikanischen Volks- und Populärmusik

LEXIKON

Dr. Bernhard von Treeck
Drogen- und Sucht-Lexikon
Drogen, Rausch & Recht – Das ABC der psychoaktiven Substanzen

LEXIKON

PUNK-LEXIKON
Von Christian Graf   Zweite erweiterte Auflage.

LEXIKON

Horst-Dieter Radke
DAS LEXIKON DER COMPUTERPIONIERE
Konrad Zuse, Bill Gates, Steve Jobs, Philipp Kahn, Linus Thorvalds, Niklaus Wirth, Watson sen., Heinz Nixdorf – das Lexikon der Menschen und Firmen, welche die Entwicklung des Computers prägten.

LEXIKON

Berndt Schulz
Lexikon der Road Movies
Von »Easy Rider« bis »Rain Man«, von »Thelma & Louise« bis »Harpoole«, von »Bonnie and Clyde« bis »Natural Born Killers«

LEXIKON

Mit dem OSCAR-Preisträger »Tiger & Dragon«

Leo Moser
Eastern Lexikon
Chow Yun Fat, Bruce Lee, Jet Li, Jackie Chan & Co. – Das Lexikon des asiatischen Actionfilms

LEXIKON

Falko Rademacher
Das zynische Gag-Lexikon
Das universelle Kompendium des respektlosen Humors

LEXIKON

Frank Wonneberg
Labelkunde Vinyl
Alles, was der Plattensammler wissen muß – Schallplattenfirmen, Etikettenstammbäume und Matrizenschlüsselnummern

LEXIKON

LEXIKON

Arne Hoffmann
Lexikon des Sadomasochismus
Der Inside-Führer zur dunklen Seite der Erotik: Praktiken und Instrumente, Personen und Institutionen, Literatur und Film, Politik und Philosophie

Berndt Schulz
Woody Allen Lexikon
Alles über den Autor, Regisseur, Darsteller, Komiker, Entertainer und Privatmann aus Manhattan

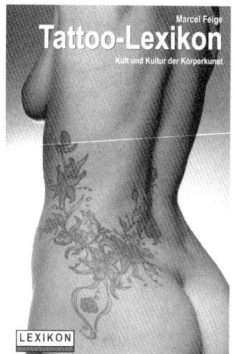

Marcel Feige
Tattoo-Lexikon
Kult und Kultur der Körperkunst

Peter Matzke / Tobias Seeliger / Volkmar Kuhnle / Conny Brucksauer
Gothic- und Dark Wave-Lexikon
The Cure, Deine Lakaien, Sisters of Mercy & Co.:
Das Lexikon zu Dark Wave und Black Romantic

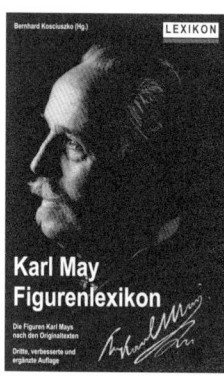

Bernhard Kosciuszko (Hg.)
Karl May Figurenlexikon
Die Figuren Karl Mays nach den Originaltexten
Dritte, verbesserte und ergänzte Auflage

Jovan Evermann
Lexikon der deutschen Soaps
Alles über die erfolgreichen Soap Operas im deutschen TV: Gute Zeiten – Schlechte Zeiten, Marienhof, Unter uns, Verbotene Liebe u.v.a.

Jürgen Wölfer
Das große Lexikon der Unterhaltungs-Musik
Die populäre Musik vom 19. Jahrhundert bis zur Gegenwart – von Wiener Walzer bis zu Swing, Latin Music und Easy Listening

Bernhard van Treeck
Das große Cannabis-Lexikon
Alles über Hanf als Kulturpflanze und Droge

Rocklexikon Deutschland
Von Christian Graf
The Rattles, Tangerine Dream, Can, Kraftwerk, Udo Lindenberg, BAP, Eloy, Kraan, Marius Müller-Westernhagen, Ton Steine Scherben, Herbert Grönemeyer, Fury In The Slaughterhouse, Echt u.v.a.

Das Lexikon von Jenseits und Anderswelt, Unterwelt und Olymp, Hades und Elysium, Erebos und Paradies, Fegefeuer und Nirwana, Göttern und Teufeln, Engeln und Dämonen.

Friedhelm Schneidewind
Das Lexikon von Himmel und Hölle

IMPRESSUM

FRANKA POTENTE
Von Klaus Rathje (Hg.) und Ralf Krämer.
Mit Porträts von Enriko Boettcher und Ali Kepenek. Autorisiert von Franka Potente
Nach fünf im Urwald • *Coming In* • *Opernball* • *Lola rennt* • *Bin ich schön?* • *Schlaraffenland* •
Downhill City • *Anatomie* • *Der Krieger und die Kaiserin* • *Blow* • *The Bourne Identity*
ISBN 3-89602-370-5

© dieser Ausgabe Schwarzkopf & Schwarzkopf Verlag GmbH, Berlin 2001
© der Abbildungen: bei den Fotografen

BILDNACHWEIS

Enriko Boettcher: Bilder auf den Seiten 104 bis 117, 135, 136 oben, 137 oben, 162, 167 und 171 • bunk-
VERLAG, Hamburg: Bild auf Seite 74 • Claussen + Wöbke Filmproduktion: Bilder auf den Seiten 37 bis
42, 44, 45, 47, 48, 50, 118, 119, 120, 121 oben, 204 und 243 • Constantin Film: Bilder auf den Seiten
53, 121 unten, 122, 123, 124 und 253 • Constantin Film/ Bildarchiv HORST KRUSE/ Enriko Boettcher:
Bilder auf den Seiten 96, 136 unten, 137 unten, 165, 168 und 169 • Constantin Film/ Enriko Boettcher:
Bilder auf den Seiten 163, 166 und 173 • Constantin Film/ Ernst Kahl: Bild auf Seite 246 • Deutsche
Columbia Pictures Filmproduktion/ Claussen + Wöbke Filmproduktion: Bilder auf den Seiten 141 bis 144,
145 unten bis 149 und 264 • Four Music/ Columbia: Bild auf Seite 273 • dpa: Bilder auf den Seiten 97
und 98, 190 bis 201 • Hager Moss Film: Bilder auf den Seiten 138 bis 140, 178 bis 185 und 259 • Ali
Kepenek: Bilder auf den Seiten 99 bis 103 • Luna-Film/ Basis-Film: Bild auf Seite 174 und 262 • Manfred Molitor: Bilder auf den Seiten 32, 33 und 34 • Polydor/ bonanza: Bild auf Seite 274 • Franka Potente:
Bilder auf den Seiten 6, 9, 10, 11, 12, 13, 14, 16, 17, 19, 21, 22, 23, 24, 25, 26, 27, 28, 29, 36, 61, 64,
65, 66, 125, 134, 145 oben, 155, 160, 202, 203, 229, 232, 233, 234, 235, 252, 270 • Klaus Rathje:
Bilder auf den Seiten 15, 156 bis 159 • Hannu Salonen: Bild auf Seite 176 • Petra Schneider: Bilder auf
den Seiten 30, 55 • Sony Classics: Bild auf Seite 154 • SWF: Bilder auf den Seiten 56, 57, 58, 59, 60,
126 oben, 247 • Telfrance: Bilder auf den Seiten 63 und 251 • Oliver Wia: Bilder auf den Seiten 67 bis
71 und 249 • X Filme: Bilder auf den Seiten 73, 76, 79, 80, 82, 83, 84, 86, 87, 89, 92, 93, 94, 95, 126
unten, 127 bis 133, 150 bis 153, 207 bis 222, 240, 255, 266 • X Music: Bild auf Seite 275

LITERATUR

»Lola rennt«, Tom Tykwer, Rowohlt 1998 • »Szenenwechsel«, Michael Töteberg (Hrsg.), Rowohlt 1999
• »Der Krieger und die Kaiserin«, Tom Tykwer, Rowohlt 2000 • »Der Blaue Engel – Die Drehbuchent-
würfe«, Luise Dirscherl/ Gunther Nickel (Hrsg.), Röhrig Universitätsverlag 2000 • »Die 13 Jahre des Rainer Werner Fassbinder«, Peter Berling, Luebbe 1995 • »Das gab's nur einmal – Die große Zeit des deutschen Films«, Curt Riess, Ullstein 1985

KATALOG

Wir senden Ihnen gern unseren kostenlosen Katalog.
Schwarzkopf & Schwarzkopf Verlag GmbH / Abt. Service
Kastanienallee 32, 10435 Berlin.
Service-Telefon: 030 – 44 3363043 • Fax: 030 – 44 33 63 044

INTERNET

Ausführliche Informationen zum Verlagsprogramm finden Sie im Internet.
www.schwarzkopf-schwarzkopf.de • www.lexxxikon.de

eMAIL

info@schwarzkopf-schwarzkopf.de